Kurt Gallé

Erziehungsalarm

Weckruf für Eltern und
Bildungsverantwortliche

Kurt Gallé

ERZIEHUNGS
ALARM

Weckruf für Eltern
und Bildungsverantwortliche

braumüller

Vorwegnehmend sei hinsichtlich der geschlechtsspezifischen Bezeichnung Folgendes erläutert: Es wäre umständlich, wollte man jedes Mal die Doppelform schreiben, und es ist optisch unschön und dem Lesefluss hinderlich, ein „I" mitten in ein Wort einzufügen. Ich verwende deshalb zur besseren Lesbarkeit entweder die weibliche oder die männliche Sprachform – und wenn es passend ist, auch beide.

Bibliografische Information der Deutschen Nationalbibliothek
Die Deutsche Nationalbibliothek verzeichnet diese Publikation in der Deutschen Nationalbibliografie; detaillierte bibliografische Daten sind im Internet über http: // dnb.d-nb.de abrufbar.

Printed in Austria

1. Auflage 2015
© 2015 by Braumüller GmbH
Servitengasse 5, A-1090 Wien

www.braumueller.at

Lektorat: Christine Wiesenhofer
Coverfoto: © ollyy | shutterstock.com
Druck: Druckerei Theiss GmbH, A-9431 St. Stefan im Lavanttal
ISBN 978-3-99100-144-7

*Wir dürfen die Kinder
nicht schwimmen lassen
im Meer der Beliebigkeit.*

Inhalt

Vorwort

Je mehr Freiheit, desto weniger Gleichheit.
Je weniger Gleichheit, desto mehr Konkurrenz.
Je mehr Konkurrenz, desto weniger Solidarität.
Je weniger Solidarität, desto mehr Vereinzelung.
Je mehr Vereinzelung, desto weniger soziale Einbindung.
Je weniger soziale Einbindung, desto mehr rücksichtslose Durchsetzung.

Desintegrationsprozess nach W. Heitmeyer [1]

Da erfahren wir in den Medien von Jugendkrawallen in Staaten, die bislang als soziale Vorzeigeländer gehandelt wurden. Da lesen wir mit Entsetzen, dass ein erst Dreizehnjähriger ein siebenjähriges Mädchen vergewaltigt hat, und erfahren im gleichen Atemzug, dass Opfer und Täter psychologisch betreut werden und wollen glauben, dass damit wieder alles seinen gewohnten Gang geht.

So wie wir heute bestürzt erkennen, welche gravierenden Fehlentwicklungen es in den Erziehungsanstalten vor 50 bzw. 60 Jahren gegeben hat, so fassungslos werden wir uns, die wir gegenwärtig als Eltern, Lehrer, Erzieher, Sozialpädagogen, Psychologen und letztendlich in sozial- und bildungspolitischen Bereichen untätig tätig sind, in den nächsten Jahrzehnten den Vorwurf gefallen lassen müssen, unsere Kinder alleingelassen bzw. sich selbst überlassen zu haben.

Und was noch schwerer wiegt: Wir werden uns in den nachfolgenden Jahrzehnten jenen Konsequenzen stellen müs-

---

1 Heitmeyer, W.: Über gesellschaftliche Desintegrationsprozesse.
In: Politik und Zeitgeschichte, B2-3/1993
Quelle: www.soziologie.uni-halle.de/langer/pdf/meth1/xenotheo

sen, die ein unbetreutes Erwachsenwerden unserer Nachfolgegeneration mit sich bringt, wenn wir nicht rechtzeitig die Reißleine ziehen und einen Schutzschirm in Richtung Fürsorge, Verantwortung und Disziplin öffnen.

Mir ist natürlich klar, dass die hier angeführten Fakten und beschriebenen Sachverhalte die gegenwärtige Situation nicht eins zu eins abbilden – dann wäre dieses Buch ohnehin obsolet.

Es gibt Gott sei Dank nach wie vor Eltern, Lehrkräfte, Pädagoginnen und Psychologen, Sozialarbeiter, Erzieherinnen etc., die nach bestem Wissen und Gewissen – und Können – ihren erzieherischen Auftrag erfüllen, sowie Kinder und Jugendliche, die diesem auch Folge leisten, obwohl dies für beide Seiten, Erziehungsberechtigte und zu Erziehende, aufgrund gesellschaftlicher Veränderungen immer schwieriger wird.

Es ist auch nicht ungewöhnlich, dass ein gegen das Establishment aufbegehrender Nachwuchs das etablierte Gefüge einer Gesellschaft etwas zum Wanken bringt – das gab es zu allen Zeiten und ist gut so.

Neu daran ist der Umstand, dass die Art und Weise der Umsetzung in einer bis jetzt nie dagewesenen Gefühllosigkeit verbunden mit einer unverhältnismäßig hohen Häufigkeit zum Ausdruck kommt. Da genügt es bei einer Schulhofrauferei nicht, den „Gegner" zu besiegen, um dann von ihm abzulassen. Nein, da wird auf den am Boden Liegenden noch eingetreten, und von den Umstehenden gibt es für das Opfer auch keine Hilfeleistung, denn die sind damit beschäftigt, das Geschehen mit Handy oder Tablet festzuhalten.

Neu ist auch die orientierungs- und damit bedenkenlose Überschreitung von bisher allgemeingültigen ethisch-moralischen Grenzen ohne höhere Ziele wie Gerechtigkeit oder Loyalität. Da genügt schon der Wunsch, ein neues Handy besitzen zu wollen, und schon ist man bereit, dieses mittels unverhältnismäßig brutaler Gewaltanwendung an sich zu bringen. Die Statistiken sprechen hier eine klare Sprache: So ist der „Handyraub", also das gewaltsame An-sich-Bringen eines Mobil- bzw. Smarttelefons unter Androhung oder Anwendung von Gewalt, um 20 Prozent gestiegen.[2] Dabei kommt es immer öfter vor, dass die Opfer zusätzlich verbal gedemütigt und körperlich misshandelt werden, obwohl sie ihr Handy den Räubern widerstandslos aushändigen.

Neu ist auch der nihilistische Umgang mit Schuld von direkt oder indirekt Betroffenen auf der Täterseite, die meinen, nötige Grenzziehungen und Konsequenzen aus falsch verstandenem Liberalismus verweigern zu müssen.

Die damit einhergehende zentrale Folgeerscheinung offenbart sich in einer schleichenden Entsolidarisierung, basierend auf einem fehlgeleiteten Verständnis von Freiheit, das sich egozentrisch ausbreitet und zur Unfreiheit des Gegenübers mutiert (wie einleitend im Desintegrationsprozess nach Heitmeyer dargestellt), in einer Gesellschaft, die langsam vergisst, was sie ihren Nachkommen und letztendlich sich selbst schuldig ist.

Mir ist bewusst, dass die von mir über einige Passagen gewählte Textform der Streitschrift (auch wenn sie sich im vorliegenden Werk vorwiegend auf Fakten stützt) ein literarisch äußerst provokantes Mittel darstellt. Sie ist jedoch nach wie vor die beste Option, um sich kontrovers für eine Sache einzusetzen und jene Personen oder Gruppen zu demaskieren, die alles und jedes beschönigen oder gutreden möchten, weil ihnen die nötige Entschlossenheit fehlt, die sie befähigen würde, tatkräftig aus der sie schützenden Komfortzone herauszutreten.

Graz, im März 2015

---

2 Quelle: http://diepresse.com/home/panorama/oesterreich/711058

BRENNPUNKT

GESELLSCHAFT UND FAMILIE

Die D-Generation und andere leise Umbrüche

Den in diesem Buch angestellten Überlegungen liegt vor allem ein soziokulturelles Verständnis von Generationen zugrunde. In diesem Falle definiert sich der Generationenbegriff nicht nur an der sonst üblichen Altersdifferenz der Vorfahren zu den Nachkommen, sondern orientiert sich auch an der Vorstellung von Generationen als kulturelles Deutungsmuster, in dem es darum geht, Identitäten und Differenzen von Gruppen darzustellen. Demzufolge beschreibt der in diesem Buch verwendete Generationenbegriff vorwiegend, jedoch nicht ausschließlich, das Wesen und nicht den zeitlichen Abstand. Deshalb sind die damit gemeinten Gruppierungen auch keiner Altersgruppe zuzuordnen, sondern ausnahmslos ihrer Beschaffenheit bzw. ihrer Wesensart.

Generationen im genannten Kontext werden demnach gemacht und entstehen durch eine spezifisch historische und kollektive Prägung mit sozialem Wandel als Sub- oder Gegenkultur zum bestehenden Gesellschaftssystem, wie zum Beispiel die Gruppe der sogenannten 68er, die Hippiebewegung, Punks oder Gothics.

Momentan befinden wir uns als Gesellschaft in einer Grauzone, die soziologisch kaum zu fassen ist, zumal sie einer klar ausgewiesenen Definition entbehrt – vielleicht bezeichnen die Historiker und Soziologen sie deshalb gerne als Postmoderne, also die Zeit nach der Moderne, weil sie für unseren Zeitabschnitt noch keine klare Zuordnung festmachen können. Ebenso unscharf sind Festlegungsversuche hinsichtlich unserer Gesellschaftsform – da fallen Begriffe wie Multi-options- oder offene Gesellschaft. Aber was ist damit konkret gemeint, von welchen Optionen ist hier die Rede, für wen ist die damit verbundene Entscheidungsfreiheit vorhanden? Wohl nicht für jene jugendlichen Bildungs- und in weiterer Folge Systemverlierer, die weder einen Schulabschluss noch eine fertige Berufsausbildung vorweisen können und deren Zahl in Österreich mittlerweile an die 80.000-Marke[3] heran-reicht. Wenn man aktuellen Medienberichten und im Internet veröffentlichten Statistiken glauben darf, dann zeigt sich euro-paweit ein noch weit düsteres Zustandsbild.

Ähnlich verhält es sich mit dem Terminus der offenen Gesellschaft, ein Unwort par excellence – entbehrt es doch jeder klaren Zuordnung. Hier tritt offensichtlich jener unse-rem Zeitgeist innewohnende Euphemismus zutage, den wir aus vielen Lebens- und Sozialbereichen kennen. Ich verweise in diesem Kontext nur auf das beschönigende Hüllwort der „Freisetzung", wenn eigentlich die Kündigung und damit der Verlust der Arbeit und der Entzug der finanziellen Lebens-grundlage gemeint ist.

Da stellt sich doch zwangsläufig die Frage: Wie definiert sich eine offene Gesellschaft? Ist damit eine Öffnung in alle Richtungen impliziert? Wenn darin nichts „Richtungswei-sendes" erkennbar ist, wenn es nirgendwo Begrenzungen gibt, wenn also etwas nach allen Seiten offen ist, hört man im Volksmund gerne den Ausspruch, dass dann dasjenige oder

---

3 Wien – Etwa 75.000 Jugendliche in Österreich besuchen keine Schule, gehen keiner Arbeit nach und befinden sich nicht in beruflicher Fortbildung. Beson-ders stark betroffen sind junge Menschen mit Migrationshintergrund, wie eine Erhebung des Instituts für Soziologie der Universität Linz in Zusammenarbeit mit der Arbeiterkammer (AK) Oberösterreich zeigt. Demnach fällt beinahe je-der fünfte junge Migrant in die Gruppe der sogenannten NEET-Jugendlichen („Not in Education, Employment and Training").
Quelle: http://derstandard.at/1328507725363/Statistik-Austria-Jeder-fuenfte-junge-Migrant-ohne-Ausbildung-Betreuung-oder-Job
Meldung vom 14.02.2012

derjenige etwas undicht sei – und vielleicht liegt er (der Volksmund) damit gar nicht so falsch.

Die genannten Bedingungen bilden den Nährboden für kollektive Verhaltensmuster, die sich in Desinteresse, Destruktion, Desorganisation, Desorientiertheit, Delinquenz und nicht zuletzt in einer gesellschaftlich desolaten Klammerfunktion widerspiegeln und damit die Dynamik einer für unsere Nachfolgegeneration kaum reparablen Desintegration einleitet, weil dieser weder Grenzen noch Perspektiven aufzeigt.

Den aufmerksamen Lesern und Leserinnen dürfte kaum entgangen sein, dass die vorhergehenden (absichtlich lose), aneinandergereihten Substantive alle mit einem „D" beginnen, was mich veranlasst hat, die Repräsentanten und Repräsentantinnen dieser Eigenschaften als D-Generation zu subsumieren.

Diese sind äußerlich nicht so auffallend wie seinerzeit die Hippies oder in den späten Siebzigern die Punks. Sie postulieren ihre Grundsätze (sofern überhaupt vorhanden oder als solche erkennbar) nicht lautstark, und sie treten auch nicht als Gruppe mit klar gestellten Forderungen auf. Sie sind auch nicht sofort durch Kleidung oder sonstige gemeinsame Äußerlichkeiten erkennbar.

Wie auch immer sie in Erscheinung treten, welche der D-Charakteristik auf sie auch zutreffen mag, sie haben eines gemeinsam: ein äußerst fragwürdiges Verständnis von Freiheit, welches in einer egozentrisch dem Hedonismus verbundenen Selbstverwirklichung zutage tritt und jede Form von Solidarität vermissen lässt.

Es ist durch die Geschichte belegt, dass Subkulturen dort gut gedeihen können, wo die gesellschaftlichen Rahmenbedingungen die nötigen Voraussetzungen dafür bieten. Sie treten entweder als Protestbewegung wider die gesellschaftlichen Rahmenbedingungen auf oder entstehen, wie gerade aufgezeigt, im Rahmen der vorhandenen Bedingungen.

Die daran anknüpfende Assoziation zu einem ansatzhaft beginnenden Degenerationsprozess unserer gesellschaftlichen Strukturen ist dabei durchaus beabsichtigt, zumal dieser einem erfahrungsgeschichtlich, kulturphilosophisch untermauerten Regelkreis unterliegt, welcher den sogenannten *Späten Zustand* einer Zivilisation[4] augenfällig charakterisiert:

Dieser späte Zustand ist geprägt von einer demografisch vorhandenen, jedoch im Lebensstil geleugneten Überalterung einer Gesellschaft und damit einhergehende indifferente Jugendkulturen, verbunden mit der Regellosigkeit anarchisch geprägter (medialer) Unterhaltungsindustrien in Form von Endzeit-Computergames und diversen B-Movies. Dazu gesellen sich die Künstlichkeit digitalisierter Lebens- und Erfahrungsbereiche sowie ein kühler, dem Egoismus verbundener Tatsachensinn anstelle sozial-ethisch-moralischer Überlegungen.

Irreligiosität und ein sich ungesund entwickelnder Materialismus verbunden mit dem Machtanspruch formloser, nicht fassbarer Gewalten, wie sie sich gegenwärtig in einer zügellosen und menschenverachtenden Form des Kapitalismus darstellen, runden das genannte Zustandsbild ab. Degenerative Prozesse gehen zudem einher mit einer unverhältnismäßig hohen Selbstbezogenheit, welche naturgemäß eine Vernachlässigung der Brutpflege mit sich bringt.

Dieser Umstand offenbart sich im Bereich der Erziehung insoweit, als dieselbe gegenwärtig keinen einheitlich klar aufgestellten Regeln folgt. Die daraus folgende Verunsicherung führt mitunter zu Situationen, in denen sich die mit der Erziehung und Bildung betrauten Bezugspersonen unseres Nachwuchses die Verantwortung gegenseitig zuschieben.

---

4 In Anlehnung an Spengler, O.: Der Untergang des Abendlandes – Umrisse einer Morphologie der Weltgeschichte. Wien 1918 / Düsseldorf 2007.

Da höre ich von Lehrerinnen und Lehrern, dass sie im Rahmen ihrer lehrenden Tätigkeit endlich wieder „normal unterrichten möchten" und nicht die Hälfte der Unterrichtszeit damit verbringen wollen, „Verhaltenskunde" zu unterrichten. Da höre ich von Eltern den Ausspruch, dass das Erlernen grundlegender Verhaltensregeln, wie z. B. „dass man sich für eine Ungehörigkeit zu entschuldigen hat oder seine Sachen in Ordnung halten soll", durchaus dem schulischen Erziehungsbereich zuzumuten sei. Da höre ich von Kindergartenpädagoginnen, dass Kinder mit fünf Jahren noch immer nicht ordentlich mit Besteck essen können, und von Eltern, dass dies eine Kulturfertigkeit sei, die sie gefälligst im Kindergarten lernen sollen. Dass die genannten Beispiele keine Einzelfälle darstellen, demonstriert der Bestseller vom Niki Glattauer. „Leider hat Lukas …" ist ein Buch, welches in seiner satirischen Schreibweise zum Schmunzeln anregt, jedoch den Kern der „Sache", nämlich das Hin- und Herschieben erzieherischer Verantwortung, den Leserinnen und Lesern klar vor Augen führt. Das Buch ist in Form eines Elternheftes gehalten und gibt den „Briefwechsel" der Eltern und Lehrer von Lukas wieder:

Sehr geehrte Frau Gruber!

Leider stört Ihr Sohn Lukas fast jeden Vormittag den Unterricht. Er tratscht und verweigert jede Form der Mitarbeit (Aufzeigen!). In den Pausen nervt er seine Lehrer mit provozierenden Äußerungen oder er schreibt Hausübungen ab. Reden Sie bitte mit ihm.

Mag. R. S., Klassenvorstand

Sehr geehrte Frau Prof. S.!

Leider verdirbt uns Ihr Schüler Lukas fast jeden Abend die Stimmung. Er schweigt und verweigert jede Form der Mitarbeit (Tisch decken)! Beim Abendessen nervt er seine Familie mit seinem Smart-Trottel oder er streitet mit seiner Schwester. Reden Sie bitte mit ihm!

Mag. S. G., Mutter[5]

Ich gehe in meinen weiteren Überlegungen davon aus, dass dieser in Satire gepackte Sachverhalt mit klar geregelten Gesetzmäßigkeiten innerhalb des jeweiligen Gesellschaftssystems zu tun hat und dieses System in seiner Stringenz gegenwärtig aussetzt. Das Ergebnis ist eine permanente Unsicherheit, in der vor Ort erforderlichen Aufgabenteilung, die erzieherischen Maßnahmen betreffend. Lassen Sie mich diesen Ansatz nachfolgend erörtern:

Seit jeher war es die vornehmliche Aufgabe des Elternhauses, die Erziehung ihres Nachwuchses zu bewerkstelligen. Aber auch der Schule bzw. den lehrenden Personen kam ein nicht unwesentlicher Teil der erzieherischen Tätigkeit zu.

Die Geschichte der Pädagogik zeigt eindeutig, dass es hinsichtlich der Verteilung der Verantwortung immer wieder Schwankungen gegeben hat. Jedoch stand die Zuweisung (wo auch immer der Schwerpunkt zu liegen kam) fest, und somit gab es im Prinzip klare Verhältnisse, die kaum zu Auseinandersetzungen zwischen Eltern und Pädagogen bezüglich der Verantwortlichkeit führten. Gestatten Sie mir daher einen exemplarisch angelegten Denkansatz und schauen wir dazu ein wenig in die Anfänge von organisierter Erziehung und Bildung.

---

5   Glattauer, N.: Leider hat Lukas … Wien 2013 (Klappentext).

Bildung und Erziehung in strukturierter Form hat ihren Ursprung in der Antike und wird als familiale Phase bezeichnet, da die Schule die Familie in der Erziehung der Nachkommen nur unterstützte: „Wie bei den Griechen erfolgten Erziehung und Unterricht im alten Rom ursprünglich durch die Eltern selbst. Später unterstützte sie dabei der ‚paedagogus‘, ein gebildeter Freigelassener oder Sklave. Erziehung erfolgte nach exempla (vorbildliche Beispiele). Das Vorbild der Eltern und die starke Bindung an den ‚mos maiorum‘ (die Sitte der Vorfahren) bestimmten das Denken der jungen Menschen von klein auf."[6]

Ähnlich verhält es sich in den darauffolgenden Epochen; von der monastischen Phase des Früh- und Hochmittelalters, in der in erster Linie die Klöster die Bildungszentren waren, über die urbane Phase, beginnend im Spätmittelalter bis in die Zeit des frühen Humanismus, in der sich (von den Bürgern ausgehend) ein differenziertes Bildungssystem entwickelte, bis hin zur Phase der staatlichen Obrigkeit, in der Erziehung und Bildung zur öffentlichen Sache wurde. Die anfänglich herrschenden „Obrigkeiten", die ihre Weltanschauung zu installieren versuchten, wurden Gott sei Dank von einem demokratisch geprägten Bildungsverständnis abgelöst.

So unterschiedlich sich diese Epochen gestaltet haben – eines ist ihnen allen gemeinsam: Sie waren geprägt von dem, was die Römer unter „exempla" und „mos maiorum" in ihrem Verständnis hinsichtlich der Weitergabe ihrer Lebensprinzipien subsumiert haben. Es sind die allgemeingültigen Wertvorstellungen und damit verbundenen Sitten und Bräuche einer Gesellschaft – das Ethos eines Kollektivs, welches das Gemeinsame sucht und dessen Positionen letztendlich nicht darin enden, auftauchende oder vorhandene Problemfelder dem jeweils anderen zuzuschieben.

---

6 Peterseil, E.: In: Noricum Ripense Online 2014.

Und wenn diesem Ethos ein demokratisches Grund- und Rechtsverständnis zu eigen ist, wenn es durchwirkt ist vom Respekt vor der Würde jeder einzelnen Person unabhängig von Alter, Geschlecht, Rasse und Bildungsstand, also ein den Menschenrechten absolut verpflichtetes Grundverständnis aufweist, dann hat dieses Kollektiv die unabdingbare Verpflichtung, all diese Werte unmissverständlich einzufordern und bei Missachtung gegebenenfalls zu ahnden. Aber gerade in diesen Punkten krankt unser Gesellschaftssystem zeitweilig – und das nicht nur in den ausgewiesenen Bereichen von Erziehung und Bildung.

Autoritär, antiautoritär, irregulär

„Was ist bloß mit unseren Kindern los?", ist der Ausruf einer genervten Mutter, die im Rahmen eines Elternsprechtages aus dem Klassenzimmer ihres Sohnes kommt. Und sie fügt hinzu: „Ich weiß wirklich nicht mehr, was ich machen soll!"

In erziehenden Bereichen wie Elternhaus oder Schule macht sich Ratlosigkeit breit. In „Begegnungsfeldern", die nichts mit Erziehung im herkömmlichen Sinne, sondern mit der Auswirkung derselben zu tun haben, schreitet man zur Gegenwehr. So finden sich im Internet (man kann es kaum glauben) einige Tausend Einträge von Hoteliers, die ihre Destinationen als kinderfrei anpreisen. Dies hat mich veranlasst, in Form einer telefonisch durchgeführten Anfrage[7] nach den Gründen zu fragen. Demnach hat dieser Trend keineswegs mit einer generellen Kinderfeindlichkeit zu tun, sondern schlichtweg mit der Tatsache, „dass einige Eltern ihre Kinder nicht im Griff haben:

---

7   Nicht standardisiertes, offenes Interview. Da sich die Antworten als deckungsgleich erwiesen haben, wurden diese in Form von typischen Zitaten zusammengefasst.

Kinder, die schrill schreiend durch die Hotellobby rennen und auf den Fauteuils und Sofas herumspringen. Eltern, die mild lächelnd ihre Kinder beobachten und zusehen, wie sie im Suppen-, Salat- und Nachspeisenbuffet herumplantschen, sind den anderen Gästen einfach nicht zuzumuten". Spricht man Eltern auf das Fehlverhalten ihrer Kinder an, kommen immer die gleichen stereotypen Antwortmuster: „Seien Sie nicht so kleinlich, wir waren alle einmal Kinder. Was wollen Sie, wir haben ja Urlaub und bezahlen dafür. Wie sollen sie es denn lernen, wenn sie nichts ausprobieren dürfen?"

Diesen Aussagen ist natürlich sofort entgegenzusetzen, dass es Lernphasen gibt, in denen Aufsicht im Sinne von Draufsicht gefordert ist. Kinder können nicht alles grenzenlos, ohne die sie schützende Rahmenbedingungen ausloten. Es gibt Phasen in der Entwicklung, in der sie Gefahren noch nicht erkennen und schon gar nicht abschätzen können. Ich brauche doch wohl nicht das allgemein bekannte Beispiel von der heißen Herdplatte bemühen. Da achten wir logischerweise sehr darauf, dass sich die Kinder nicht verbrennen. Bei Handlungsweisen, die ihnen jedoch in Form von gesellschaftsfeindlichen Spätfolgen Schaden zufügen, sind wir wesentlich inkonsequenter.

***

Eltern von heute wissen grundsätzlich, was sie nicht wollen: Sie wollen nicht autoritär sein und büßen dabei ihre Autorität ein. Sie wollen nicht die gleichen Fehler wie ihre Eltern machen, sie wollen ihren Kindern grundsätzlich keinen Schaden zufügen und sind von gut meinenden Freunden, selbst ernannten Fachleuten und oberflächlichen Medienberichten derart verunsichert, dass sie nicht mehr erziehen und „es" einfach geschehen lassen.

Hinzu kommt, dass erziehendes Handeln Arbeit ist, welche Nachhaltigkeit verlangt und daher Auseinandersetzung, Durchhaltevermögen und Konsequenz erfordert, und dies meist zu einem Zeitpunkt, wo der Elan des Tages stark nachlässt. Übrigens, Kinder haben dafür eine untrügliche Spürnase und wissen genau, welcher Zeitpunkt günstig ist, um mit hoher Wahrscheinlichkeit ihr Ansinnen durchzusetzen, und beweisen, wenn es zur Konfrontation kommen sollte, mehr Nervenstärke als ihre gestressten Eltern.

Die logische Konsequenz daraus ist eine immer stärker werdende resignative Grundhaltung, die sich unter den Erziehenden breitmacht, und die daraus folgende Tatsache, dass immer weniger erzogen wird. Denn, wer nicht erzieht, kann auch nichts falsch machen – oder?[8]

Würde man den gegenwärtigen Erziehungstrend eine Definition zuführen wollen, müsste diese wohl Attribute wie hilflos, mutlos oder ratlos beinhalten. Erziehungsmuster folgen gegenwärtig keinen allgemeingültig verbindlichen Regeln und spiegeln letztendlich die kultivierte Unverbindlichkeit unseres Gesellschaftssystems wider.

Wesentliche Einflussfaktoren zum genannten Tatbestand sind die noch immerwährenden Ausläufer eines pädagogischen Zeitgeistes im Gefolge der 68er-Ideologien, die eine unbekümmerte edukative Haltung Kindern gegenüber postulierten und in der sogenannten antiautoritären Erziehung ihren Höhepunkt erlebt haben.

Das Elterndasein und die damit verbundenen Aufgaben sollten sich demzufolge auf „Wartungsfunktionen" im Rahmen der Grundbedürfnisse in der unteren Stufenfolge der

---

8 Vgl. Zangerle, H.: Wer nicht erzieht, macht auch nichts falsch. Oder? In: Psychologie Heute. Dezember 2000

Maslowschen Bedürfnispyramide reduzieren. Gemeint ist damit die Versorgung der physiologischen Grundbedürfnisse.

Ansonsten sollten sich Eltern demnach getrost zurücklehnen und der Entwicklung ihrer Sprösslinge freien Lauf lassen. Jeglicher erziehende Eingriff wurde kritisch beäugt und schlimmstenfalls als manipulative Einengung autonomer kindlicher Entwicklung gesehen. Es steht natürlich außer Frage, dass ich damit einer schwarzen Pädagogik nicht das Wort reden möchte und diese in all ihren in den vorigen Jahrhunderten praktizierten und pervertierten Erscheinungsformen strikt ablehne. Jedoch brachte das von den Verfechtern antiautoritärer Erziehungsmodelle geprägte Szenario eine derartige Verunsicherung mit sich, die sich in einer Art pädagogischer Ausweichbewegung manifestierte und eine alles gewährende Grundhaltung zur Folge hatte, welche die herkömmlichen Erziehungsmuster zwar verneinte, aber keine wirklich greifbare Alternative anbieten konnte.

Erschwerend kam hinzu, dass extreme Gruppierungen von Pädagogen und Psychologen die antiautoritäre Idee derart skrupellos propagierten, dass sie Erzieher und Kinder durch die damit verbundene gnadenlos eingeforderte Freiheit an den Rand der Erschöpfung brachten. Die bekannten Handlungsmuster in Sachen Erziehung waren verpönt und neue Begrenzungsmaßnahmen gab es nicht, da für die genannten Gruppierungen die mit dem antiautoritären Gedankengut verbundenen Regelwerke darin bestanden, dass es keine allgemeingültigen Regeln gab.

Fazit: Angesichts anhaltender Erziehungsunsicherheit in den vergangenen Jahrzehnten und daraus resultierender gegenwärtiger Erziehungsresignation lernen Kinder und Jugendliche kaum noch Grenzen kennen.

***

So wie Kinder im vorigen Jahrhundert durch eine stark einengende Erziehung in ihrer Entwicklung eingeschränkt wurden, so gewährt man ihnen einen unbeschränkten und (was noch schlimmer ist) unreflektierten Freiraum und entlässt sie dadurch in ein Vakuum der Orientierungslosigkeit.

Ein damit gepaarter und kaum wiedergutzumachender Faktor ist, dass der oder die Heranwachsende kaum jemals die Chance bekommt, kräftig gegen etablierte Normen zu opponieren. Es sind ihnen die „Reibebäume" abhanden gekommen; egal ob uns der oder die Jugendliche übersät mit Piercings, Tattoos, und fünffärbig gestylten Haarschmuck begegnet, es wird akzeptiert, toleriert oder bewusst übersehen, und was noch erschwerend hinzukommt – mitunter von den Eltern kopiert.

Kein Anecken am Establishment und den damit einhergehenden bürgerlich-konservativen Normvorstellungen ist möglich. Bedauernswerte „Kids" – es bleibt ihnen nicht mehr viel, wo die „Etablierten" aufschreien oder betroffen reagieren, vielleicht noch das Abgleiten in rechts- oder linksextreme Ideologien, ins Suchtmilieu oder bestenfalls durch die Entwicklung von Neurosen. Aber auch dafür haben wir friktionsreduzierte Lösungen parat, die ich, um mich nicht in „Fremdgebieten" zu verlieren, anstelle von Ausführungen beispielhaft mit einem Bericht des „Barmer Arztreports"[9] des Jahres 2013 darstellen möchte:

Die Zahl der diagnostizierten ADHS-Fälle
(Aufmerksamkeitsdefizit- / Hyperaktivitätsstörung) stieg
in Deutschland[10] zwischen 2006 und 2011 bei den

---

9 In: Imago Hominis. Quartalschrift für Medizinische Anthropologie und Bioethik, Heft 1, 2013. Quellen: Barmer Arztreport, Pressemitteilung, 29. Jänner 2013 (online). Standard, 5. Februar 2013 (online).

10 In Österreich gibt es dazu noch keine eigene Studie, jedoch sind sich Experten darüber einig, dass die Ergebnisse im prozentualen Vergleich generell auf Österreich übertragbar sind.

unter Neunzehnjährigen um 42 Prozent, wie aus dem
jüngsten Barmer-Arztreport 2013 hervorgeht. Die
höchsten Verordnungsraten finden sich bei Kindern im
Alter von elf Jahren. Im Laufe der Kindheit und Jugend
wurden damit schätzungsweise 10 Prozent aller Buben
und 3,5 Prozent aller Mädchen mindestens einmal
medikamentös behandelt. Anlässlich der Vorstellung des
Reports zeigte man sich über diese Entwicklung[11] besorgt
und ortete einen inflationären Anstieg von Diagnose
und medikamentöser Therapie. „Wir müssen aufpassen,
dass uns die ADHS-Diagnostik nicht aus dem Ruder
läuft und wir eine ADHS-Generation fabrizieren", so
der stellvertretende Vorstandsvorsitzende der Barmer
GEK, Rolf Schlenker, denn: „Pillen gegen
Erziehungsprobleme sind der falsche Weg."

Das etikettierte Kind

Aus dem quirligen Zappelphilipp (die männliche Form ist nicht nur auf den gleichnamigen Jungen im „Struwwelpeter"[12] gemünzt, sondern zeigt auch auf, dass sich laut oben genannten Bericht insbesondere bei Knaben deutlich mehr Fehldiagnosen ergaben als bei Mädchen) wurde das „diagnoseetikettierte Kind".

Bei einem stets ansteigenden Anteil von lernschwachen und verhaltensauffälligen Kindern, ich vermeide bewusst den abnormen Ausdruck „verhaltenskreativ", ist es durchaus nach-

---

11 Die Ausgaben für ADHS-Medikamente haben sich von 1993 bis 2003 verneunfacht.

12 Im Jahre 1845 veröffentlichte der Frankfurter Arzt Heinrich Hoffmann das gleichnamige Buch, in dem Kinder in kommentierten Bildgeschichten die Konsequenz ihres Fehlverhaltens erleiden. Ein Junge namens Philipp, der nicht „… still am Tische sitzen will …", schaukelt und gaukelt und fällt daraufhin mitsamt Tischdecke und Mahlzeit zu Boden.

vollziehbar, dass der Ruf nach Experten und schnell anwendbaren Rezepturen immer stärker wird.

Dieser Ruf ist vom selben Ungeist kontaminiert wie jene gängige Reparatur- und Therapiementalität, zahlreiche Verhaltens- und Lernstörungen betreffend, die den Bogen von diversen Tropfen und Pillen über permanent andauernden therapeutischen Methoden bis hin zu verschreibungspflichtiger medikamentöser Behandlung spannt. Diese Therapien richten mitunter mehr Schaden an, als sie Hilfestellung sind, weil sie den Erziehungsberechtigten die dingliche Verantwortung nehmen, die notwendig wäre, um die Probleme bei der Wurzel zu packen – nämlich erziehend tätig zu werden. Stattdessen wird bei der kleinsten, in der kindlichen Entwicklung naturgegebenen, notwendigen Normabweichung analysiert, interpretiert und therapiert.

Es sind nicht die eben genannten Umstände an sich, die fragwürdig sind, und mir ist schon klar, dass jede der oben genannten und in ausgeprägten Ausnahmefällen angewandten Behandlungen ihre Berechtigung hat – vor allem dann, wenn sie von erfahrenen und dafür ausgebildeten Fachleuten nach bestem Wissen, Gewissen und Können verordnet bzw. gehandhabt werden. Nein, es ist der frivole, unbegrenzte und unreflektierte Umgang mit der psychischen und physischen Gesundheit unserer Nachkommen, der äußerst bedenklich ist. Und es ist die Unmäßigkeit, die sich längst schon in einem lukrativen Wirtschaftszweig manifestiert hat.

***

Es ist eine durch die Vergangenheit eindeutig erwiesene Tatsache, dass in jedem sozialen Gefüge, wo Maß und Mitte verloren gehen, eine Eigendynamik entsteht, die ähnlich einer Pendelbewegung zu jeder Strömung eine Gegenströmung einleitet.

So finden wir mangelnde Fürsorge und grobe Vernachlässigung auf der einen und übertriebene Betreuung und unverdiente „Belohnung" auf der anderen Seite. Einer der ersten Autoren, der die Thematik rund um die „Verwöhnungsfalle" klar angesprochen hat, ist der Sozialpädagoge und Erziehungswissenschaftler Albert Wunsch, der eine klare Grenze zwischen situationsgemäßer Zuwendung und Verwöhnung zieht: „Zuwendung orientiert sich am anderen, an seinen Entwicklungsschritten, Erwartungen, Möglichkeiten und Grenzen, ist wohlwollend und ermutigend auf Eigenverantwortung gerichtet." Verwöhnung zeigt sich dagegen gerne im Gewand der Zuwendung und umhüllt das eigentliche Vorhaben, weil sich der Akt der Verwöhnung an den Absichten des bzw. der Verwöhnenden orientiert: Ob nun kontinuierliches Fehlverhalten übersehen oder Hürden weggeräumt werden, „... es geht um den eigenen Vorteil, nicht um das Wohl des Kindes. Ein konfliktfreies Szenario – ohne jedwede Herausforderung – wird zur vermeintlichen Lebenswelt. Erfolg wird ohne eigenen Beitrag erfahrbar, Passivität wird belohnt"[13]. Der junge Mensch gewöhnt sich sehr schnell an einen Mechanismus, der ihm suggeriert, dass fast alles ohne große Anstrengung zu bekommen sei, denn Verwöhnung und Gewöhnung sind Geschwister, und er wird schmerzlich dort scheitern, wo das elterliche „Unmaß" nicht mehr heranreicht.

Der deutsche Pädagoge Josef Kraus[14] wiederum beleuchtet in seinem jüngst erschienenen Werk „Helikoptereltern" eine geradezu paranoid anmutende Erscheinungsform elterlicher Fürsorge gepaart mit den Bestrebungen, das Kind als Statussymbol zu generieren.

---

13 Wunsch, A.: Die Verwöhnungsfalle. München 2000.
14 Kraus, J.: Helikopter-Eltern. Schluss mit Förderwahn und Verwöhnung. Reinbek 2013.

Er charakterisiert das damit gekoppelte Erziehungsanliegen, diesen vorwiegend in gut situierten Klein- und Kleinstfamilien auftretenden Formalismus, als klare „Überförderung".

Das passiert hauptsächlich bei Eltern, die meinen, die zukünftigen Entwicklungen ihrer Sprösslinge fest im Griff haben zu müssen, und sie bekunden dies mit Überbehütung und Übergratifikation. Die Folgen sind permanente Kontrolle, Einengung und Drill, begleitet von der Angst, etwas zu übersehen, was das „Kunstwerk Kind" gefährden könnte.

Pervertiert wird dieses Erziehungsprogramm durch die Beteuerung der Eltern, dass sie ja nur das Beste für ihr Kind wollen.

Da denke ich an folgende Episode: Ich war mit meiner Familie in Urlaub und traf dort einen ehemaligen Schüler. Seinerzeit schon ein typisch überfördertes Kind – die Eltern: beide Akademiker und sehr ehrgeizig.

Der Weg ihres Sohnes schien durch klar strukturierte Freizeit- und außerschulische Aktivitäten, wie zum Beispiel Fechten, Tennis, Schach und letztendlich eine Sommerakademie für Kinder, vorgezeichnet. Nach dem Schulabschluss sollte er Medizin studieren, was er vorerst (als gut gedrilltes Kind) auch tat.

Allerdings hatte er dann, wie er mir bei dieser Begegnung erzählte, das Medizinstudium nach zwei Semestern geschmissen und, sehr zum Missfallen seiner Eltern, einen technischen Berufsweg eingeschlagen. Interessant war allerdings die Begründung, mit der er sich aus der elterlichen Umklammerung gelöst hatte. Er tat dies mit folgenden Worten: „Ich weiß, meine Eltern wollten immer nur mein Bestes – aber ich habe es ihnen nicht gegeben!"

Ein bezeichnendes Beispiel von pathologischer Überbehütung liefert uns abschließend der bekannte Schauspieler Gregor Bloéb im Rahmen eines Interviews[15]: „Auf Sylt haben wir ein-

15 Kleine Zeitung, 03. Mai 2014.

mal einen Buben auf einem Laufrad gesehen, der eingepackt war in Schutzkleidung. Der konnte sich ja schon kaum bewegen. Dann ist er umgefallen. Also, das war ein Sturz, da hätte ich bei meinen Kindern das Gespräch nicht unterbrochen. Dort sind aber gleich fünf Erwachsene aufgeregt durch die Gegend gerannt. Da musste ich hinüberschreien: ,Aussterben, ihr werdet aussterben.'"

Über die Erziehungs(un)fähigkeit

Die in den letzten Jahrzehnten massiv auftretende Orientierungslosigkeit in Erziehungsfragen brachte aber auch eine weitere „Blüte" mit der Kurzformel *Beziehung statt Erziehung* zum Vorschein. Dieser Ansatz führt sich insofern ad absurdum, als das eine das andere bedingt und die eigentliche Formel lauten müsste: *Erziehung durch Beziehung* bzw. *Beziehung durch Erziehung.*

Erziehung und Bildung und damit verbundene Lernvorgänge unterliegen einer prinzipiellen Regelhaftigkeit, die ich nicht nur der Vollständigkeit halber in Erinnerung rufen möchte, da sie angesichts solcher und ähnlicher haarsträubender Thesen verwässert, verdrängt oder in Vergessenheit geraten scheinen.

Der Münsteraner Erziehungswissenschaftler H. Bokelmann führt den Erziehungsbegriff einer allgemeingültigen Definition zu, indem er Erziehung als dasjenige Handeln charakterisiert,

> „... in dem die Älteren den Jüngeren im Rahmen gewisser Lebensvorstellungen und unter konkreten Umständen sowie mit bestimmten Aufgaben und Maßnahmen in der Absicht einer Veränderung zur eigenen Lebensführung verhelfen".[16]

16 Bokelmann, H.: In: Speck & Wehle 1970, Bd. II.

Und zwar so, dass die Jüngeren das erzieherische Handeln der Älteren als notwendigen Beistand für ihr Dasein erfahren, kritisch zu beurteilen und selbst fortzuführen lernen.

Es geht also grundsätzlich um eine bewusst methodisch angelegte Sozialisation junger Menschen, in der diese mit jener Fitness ausgestattet werden sollten, die sie benötigen, um im vorherrschenden Gesellschaftssystem gut bestehen zu können.

Weiters geht es um das Bewusstwerden ethisch-moralischer Wertvorstellungen, die dazu dienen, das jeweilig vorherrschende Gesellschaftssystem im Sinne der Menschenrechte zu bewahren und, wenn nötig, dahin gehend zu korrigieren.

Ich denke, dass dieser Anspruch grundsätzlich einleuchtend ist und nichts dagegen spricht, diese Forderung in die Tat umzusetzen. Warum dies aber immer weniger gelingt, liegt einerseits in einem bisher nie dagewesenen Zuständigkeitsvakuum der dafür Verantwortlichen begründet, da diese kontinuierlich die Rahmenbedingungen für Erziehungsberechtigte erschweren, indem sie Eltern wie Lehrern jegliche „Erziehungsmittel" aus der Hand genommen haben, ohne adäquate Handlungsalternativen anzubieten, andererseits in der Schwierigkeit, dass bei Erziehungsarbeit der Schwerpunkt auf Arbeit liegt. Eine nicht immer friktionsfreie Interaktion, die verbunden ist mit unzähligen kleinen und größeren Auseinandersetzungen, mit wiederholtem Kräftemessen, um Grenzen auszuloten, um diese zu erweitern oder zu verringern.

Zudem erfordert erziehende Tätigkeit einen hohen Zeitaufwand, und wenn der oder die Erziehende sich alleingelassen fühlt, weil kein Familienverband (im Sinne von Verbundenheit und Verantwortung) besteht und die überbordende Individualanforderung über ihre bzw. seine Kräfte geht, verfällt der oder die Betroffene nach Abschluss einer kürzeren oder länger andauernden Aggressionsphase sehr schnell in Resignation.

Erziehung ist anstrengend, aufreibend, zeitaufwendig, und unter Umständen zeigt sie trotz aller Bemühungen nur mäßigen Erfolg.

Die faktische Lern- und Erziehungsfähigkeit des Menschen bezeichnet die Möglichkeit, Wissen und Können zu erwerben, das Verhalten zu ändern und in Richtung vorstellbarer Ziele veränderbar zu sein. In diesen Prozess integriert sich der plastische, also formbare, individuelle Anlagebestand – mit den Umwelteinflüssen und der Selbststeuerung des zu Erziehenden – von der Selbsteinschätzung ausgehend über die Selbstdarstellung hin zur Selbstverwirklichung.

Hinsichtlich der Einschätzung der Erziehbarkeit nach Grad, Ausmaß und dem jeweiligen Anteil der daran beteiligten Wirkfaktoren Anlage, Umwelt und Selbstbestimmung gibt es unterschiedliche Meinungen. Wie diese sich auch darstellen mögen, wie hoch der Grad von internen oder externen Einflüssen auch sein mag, ist nach wie vor umstritten, da es bis heute keine klar ausgewiesenen Erkenntnisse gibt.

Daher halte ich es mit der Aussage eines Pädagogikprofessors – dessen Name mir über die vielen Jahre in Vergessenheit geraten ist –, der in seiner einführenden Vorlesung für uns Hörer und Hörerinnen des ersten Semesters folgende Botschaft bereithielt: „Sie werden von den pädagogischen Pessimisten hören, dass der Mensch in seinen Anlagen determiniert, also festgelegt, ist und sich grundsätzlich kaum ändern kann.

Die pädagogischen Optimisten werden ihnen erzählen, dass der Mensch von seinem Wesen her plastisch, also formbar, angelegt und die Bedeutung der äußeren Einflüsse sehr hoch ist.

Wie stark ausgeprägt die Dominanz des Anlagepotenzials auch immer sei – und wenn Ihnen nur zehn oder zwanzig Prozent als Veränderungspotenzial zur Verfügung stehen –, so haben Sie als Pädagoginnen und Pädagogen die Pflicht, diese im Rahmen der Entfaltungsmöglichkeiten des Ihnen anvertrauten Menschenkindes hundertprozentig zu nutzen."

Unmündige Erwachsene

„… in dem die Älteren (Erzieher) den Jüngeren …"

Nun kommen uns im Sog des Jugendwahns die sogenannten Älteren etwas abhanden, vor allem jene, die es verstanden, in Würde und Weisheit zu altern.

Stattdessen suggeriert ihnen ein von Werbung und Konsummaximierung infizierter Zeitgeist das Bild von der ewigen Jugend.

Da hüpfen Siebzig- und Achtzigjährige sektverschüttend über den Bildschirm, weil sie für jedes Lebensjahrzehnt 10 Prozent Ermäßigung auf ihre Brille bekommen. Da wird glauben gemacht, dass man mit über 70 noch ins All fliegen sollte.

Die sogenannten Silver Ager sind gefragt wie nie zuvor, zumal sie als Käufergruppe hoch im Kurs stehen, und man versucht sie mit allem, was Jugend verheißt, zu ködern. Natürlich ist es begrenzt möglich, den Alterungsprozess im Lebensstil zu leugnen, indem man Trendsportarten bis zum Exzess oder (wenn es ungünstig ausgeht) bis zum Umfallen ausübt oder mit Kleidung und kosmetischen Ein- und Übergriffen das zu verschleiern versucht, was man ist – nämlich alt – und dabei außer Acht lässt, was man seinen direkten und indirekten Nachkommen schuldig ist.

Ich greife hier im Sinne eines umfassenderen Verständnisses auf das vom deutsch-amerikanischen Psychoanalytiker

Erik Erikson[17] entwickelte Stufenmodell der psychosozialen Entwicklung zurück. Demnach absolviert der Mensch im Rahmen seiner Identitätsfindung von der Geburt bis zum Tod acht Lebensphasen bzw. Stadien, in denen er unterschiedliche Entwicklungskrisen durchläuft. Diese Abschnitte gelten allgemein als Wendepunkte in der normalen menschlichen Entwicklung und sind (wenn sie positiv absolviert werden) prägend für das, was wir unter einem erfüllten Leben verstehen. Das Stadium sieben, welches die Altersgruppe der Vierzig- bis Fünfundsechzigjährigen betrifft, wird als *Generativität versus Stagnation und Selbstabsorption* bezeichnet. Die davorliegende Phase nennt sich *Intimität und Solidarität versus Isolierung.* Wird dieser Lebensabschnitt positiv abgeschlossen, kommt es als Folge der Intimität zu Familiengründungen verbunden mit dem Bedürfnis, Werte für kommende Generationen zu schaffen, weiterzugeben und abzusichern. Generativität heißt, die Liebe in die Zukunft zu tragen und den Nachkommen Fürsorge und Absicherung zukommen zu lassen. Es ist die Basis einer charakterfesten Identität, die da heißt: „Ich bin auch, was ich bereit bin, dem Leben zu geben."

Gottlob gibt es noch genug Silver Ager, die sich dieser Verantwortung bewusst sind, ihre Selbstverwirklichung schon längst in den vielfältigen Bereichen des Lebens gefunden haben, den subtilen Slogans der ewig verheißenden Jugend den Rücken kehren und sich in ihren reifen Lebensentwürfen den Nachkommen verpflichtet sehen oder, besser gesagt, verbunden wissen.

∗∗∗

Des Weiteren zeigt sich vermehrt in erzieherisch verantworteten „Befugnissen", wo Generationen im herkömmlichen Verständnis (also Ahnen und Nachkommen) aufeinandertreffen,

---

17 Erikson, E. H.: Identität und Lebenszyklus. Frankfurt 1966.

eine fortschreitende Infantilisierung der Gesellschaft, welche die Kinder- und Erwachsenenwelt einem zunehmenden Nivellierungsprozess aussetzt, indem sich die beiden Gruppen in ihren Verhaltensmustern annähern und im Extremfall fast deckungsgleich agieren.

Bis dato gültige Rollenverteilungen und damit einhergehende Verantwortungsbereiche beginnen sich nach und nach aufzulösen. Eltern übertragen die ihnen im Rahmen des natürlichen Überlegenheitsgefälles zugeteilte Machtdimension symmetrisch auf sich und ihren Nachwuchs, und erschwerend kommt in erzieherischen Bereichsfeldern immer mehr der sogenannte Berufsjugendliche zum Vorschein.

Das ist jene Spezies, die durch übertriebene Anpassung in Sprache und Stil versucht, mehr Kumpel als Erzieher und Berater zu sein, und infolgedessen die für einen gesunden Entwicklungsprozess notwendigen Abgrenzungsmechanismen verantwortungslos abfedert und damit die Identitätsfindung der ihm anvertrauten jungen Menschen erschwert.

Die Krönung an Fahrlässigkeit war wohl der Vorschlag einiger neoliberaler Protagonisten, denen anscheinend jedes vernunftbegabte Verantwortungsgefühl fehlt, das Jugendschutzgesetz (auch Jugendgesetz genannt) in einem unserer Bundesländer zu „verjüngen". Der dadurch erweiterte Freiraum betreffend längere Ausgehzeit etc. hätte naturgemäß dazu geführt, dass sich nachlässig agierende Erziehungsberechtigte noch früher aus der Verantwortung hätten stehlen können.

Im Artikel 3 der Kinderrechtskonvention vom 20.11.1983 ist festgehalten: „Das Generalprinzip der Orientierung am Kindeswohl verlangt, dass bei allen Gesetzgebungs-, Verwaltungs- und sonstigen Maßnahmen öffentlicher oder privater Einrichtungen das Wohlergehen des Kindes vordringlich zu berücksichtigen ist."

Was aber tut Kindern gut, wann fühlen sie sich wohl? Man kann doch wirklich nicht so naiv oder dem Wohlergehen unserer Kinder so entfremdet sein, dass man glaubt, eine grenzenlose Freiheit abseits jeder Geborgenheit und damit Sicherheit gebenden Grenzziehung würde den Kindern guttun und ihr Wohlbefinden fördern. Oder ist es nicht eher so, dass ein mehr oder minder bewusstes Kalkül dahintersteckt, sich der gegebenen Verantwortung zu entziehen?

Das momentan gültige Jugendschutzgesetz ist ohnehin schon so ausgelegt, dass es jene Eltern bzw. Erziehungsberechtigten, welche ihre Verantwortung nur marginal wahrnehmen, weitgehend vor Strafe schützt, weil es sie der gebotenen Verantwortung enthebt. Andererseits wird den bemühten verantwortungsvollen Eltern das Leben schwer gemacht, weil man ihr Bemühen, ihren Kindern eine angemessene Erziehung zuteilwerden zu lassen, behindert. Dass das natürliche Empfinden der Basis noch nicht ganz entschwunden ist, zeigte der Widerstand bei der im betroffenen Bundesland missglückten Novellierung des JSG. Anzumerken ist der Ordnung halber der Umstand, dass es in Österreich noch immer nicht gelungen ist, eine diesbezügliche bundesweit gültige Regelung zu treffen.

Erziehung ist immer auch Arbeit, und da ist es natürlich bequemer, den allzeit toleranten Partner zu spielen, um nicht als konsequenter Begrenzer Verantwortung übernehmen oder Antwort geben zu müssen auf ein unerwünschtes oder wie auch immer geartetes unkorrektes Verhalten.

Das Bekenntnis zur totalen kindlichen Gleichberechtigung zwischen Erziehungsberechtigten und Schutzbefohlenen ist inadäquat, da es in der Beziehung Eltern-Kind, Lehrperson-Schüler, Erzieher-Zögling keine uneingeschränkte Demokratie geben kann, weil es von Erwachsenen absolut unverantwortlich wäre, Kindern und Jugendlichen Entscheidungen zuzumuten, für die sie entweder noch nicht reif sind oder die sie nicht verantworten können – in den meisten Fällen bedingt das eine das andere. Erwachsensein heißt nun einmal: handeln zu können und die damit verknüpften Konsequenzen real einzuschätzen und zu tragen.

Wir werden uns dem Vorwurf nicht entziehen können, unsere Kinder alleingelassen zu haben, und zwar mit billigen Vorwänden in Form von dünngewebten pseudopädagogischen Deckmäntelchen, wie etwa, dass der frühe Verzicht auf erzieherische Maßnahmen zur Selbstständigkeit führe oder die heranwachsende Persönlichkeit stärke.

Das Gegenteil ist der Fall, weil ein zu frühes Loslassen, dort wo es bequem erscheint, das bei Kindern, denen zu früh die elterliche Geborgenheit entzogen wird, ohnehin mäßig vorhandene Urvertrauen schwächt. Es entsteht ein Vertrauensvakuum, welches in späteren Jahren nur sehr schwer wieder aufzufüllen ist. Junge Menschen sind verlassen, wenn sie sich selbst überlassen sind.

Die Folgen werden wir erst in einigen Jahrzehnten zu spüren bekommen, da die momentane Entwicklung ähnlich eines herannahenden Infektes mit einem Inkubationsprozess verglichen werden kann. Das daraus resultierende Zustandsbild charakterisiere ich als einen verschleppten Hospitalismus in punkto Selbst- und Sozialkompetenz. Ähnlich wie bei den aus der Geschichte hinlänglich bekannten Beispielen von mangelnder Umsorgung über permanente Vernachlässigung bezüglich Reize und Zuwendung bis hin zur lieblosen Behandlung stellt dieses Verhalten einen emotionalen Entzug dar, für den grundsätzlich die Eltern, zumindest bis zur beendeten Adoleszenz (also im Übergang zum jungen Erwachsenen), die Hauptverantwortung tragen.

Derzeit sind es kaum mehr – so wie früher oft – die negativen Begleiterscheinungen eines missglückten Internats- oder Heimaufenthaltes, die junge Menschen erleiden müssen. Das haben wir Gott sei Dank zumindest größtenteils überwunden, zumal die soziale Verantwortungsbereitschaft der damit befassten öffentlichen Institutionen doch Früchte getragen hat, wenn man auch noch lange nicht davon sprechen kann, dass in diesen Bereichen alles im Lot sei. Die Art und Weise heutiger Vernachlässigung durch das Vorenthalten fürsorgender Maßnahmen sind wesentlich schwieriger zu erkennen und treten in ihrem Ausdruck nicht so eindeutig zutage wie seinerzeit.

Wer allerdings genau hinsieht, kann jeden Tag so etwas wie einen Aufmerksamkeitsdefekt bei den jeweiligen Bezugspersonen beobachten, ähnlich wie wir ihn vom „Betreuungspersonal" des klassischen Hospitalismus kannten.

Wenn man heutzutage einen Spaziergang in der Stadt oder in einem Park macht, sieht man junge Mütter und mitunter auch Väter, die mit ihrem Nachwuchs unterwegs sind. Die Kleineren liegen oder sitzen im Kinderwagen, die Größeren gehen an der Hand oder sind mit Laufrädern und Bobbycars unterwegs.

Wo früher die Bezugsperson, sei es im Park sitzend oder den Kinderwagen vor sich herschiebend, immer bedacht war, den Blickkontakt mit ihren Sprösslingen zu wahren, dies mit leichten Grimassen oder mit „Babysprache" untermalte, sieht man heute vermehrt junge Mütter, wie sie ins Leere blickend vor sich hin reden.

Diese Mütter sind offensichtlich im wahrsten Sinne des Wortes mit ihrem Handy mehr verbunden als mit ihren Kindern. Ein damit einhergehendes, später schwer zu „reparierendes" Manko ist, dass die dem Menschen (im Rahmen des Urvertrauens) grundgelegten, emotional gebundenen Reiz-Reaktions-Schemata nicht genügend ausgebildet werden und verkümmern, da die nötigen Stimulanzien mütterlicherseits (gilt natürlich in gleicher Weise für Väter) für die Rezeptoren des Kindes ausbleiben.

Ich habe in mehreren Stadtteilen meines Wohnortes[18] über einen Zeitraum von drei Monaten eine exemplarische Felduntersuchung durchgeführt und dabei festgehalten, dass sechs von zehn Müttern[19], während sie mit ihrem Kind unterwegs waren oder im Park saßen, telefonierten – davon drei in einem Zeitfenster von einer Stunde unentwegt, wobei mehrere Anrufe getätigt wurden.

Ich denke, dass auch Sie, die Sie jetzt diese Seiten lesen, die eine oder andere ähnlich geartete Situation aus Ihrem Umfeld kennen oder schon einmal beobachtet haben, und es bedarf keiner weiteren Begründung, um die genannten Beispiele einem fahrlässigen Deprivationsverhalten[20] zuzuordnen, welches in weiterer Folge zu der von mir bereits aufgezeigten Desintegration führt.

Ich möchte jedoch meinen Beobachtungen der Vollständigkeit halber hinzufügen, dass es sich bei diesen „Handymüttern" keineswegs um ein absichtlich liebloses Verhaltensmuster handelte, sondern eher um naive Sorglosigkeit.

Pardon – eine der beobachteten Mütter muss ich allerdings ausnehmen, da sie ungerührt weitertelefonierte, obwohl ihr Kleinkind herzzerreißend weinte.

Von einem wesentlich diffizileren Fall von extremer Lieblosigkeit bei zwei Schulkindern hörte ich im Rahmen eines Seminars, welches ich für Kolleginnen und Kollegen der Sekundarstufe I abhielt.

---

18 Ca. 265.000 Einwohner.

19 Bei der beobachteten Größe von N = 31 waren zwei Väter dabei, die im Beobachtungszeitraum nicht telefonierten, die Zahl 6 ist gerundet: N 29/17 = 58,6 Prozent.

20 Unter den Begriff *Deprivation* versteht man in der Psychologie einen Mangel, Verlust oder Entzug von Zuwendung, welcher zu schweren reaktiven Bindungsstörungen und / oder Anpassungsstörungen führen kann.

Dieser Fall ist deswegen so einzigartig, weil er weder eine offensichtlich tätliche Misshandlung noch den Tatbestand einer kriminellen Grenzüberschreitung darstellt, jedoch an elterlicher Rücksichtslosigkeit kaum zu übertreffen ist.

Es ist die Geschichte eines zehnjährigen Knaben und eines zwölfjährigen Mädchens – eines Geschwisterpaares –, die eine gemeinsame Schule besuchten und deren Eltern in Scheidung lebten. Wie ich von der zutiefst betroffenen Klassenlehrerin des Mädchens erfahren konnte, fiel ihr vorerst auf, dass sich das Benehmen des Mädchens bezüglich Lerneifer und Sozialverhalten verändert hatte. Sie zog sich zurück und saß regelmäßig in der großen Pause am Ende des Ganges Händchen haltend neben ihrem jüngeren Bruder – eine bei Geschwistern dieses Alters eher unübliche Geste im öffentlichen Raum. Was war geschehen?

Die Eltern lebten, wie gesagt, in Scheidung, und wie bei vielen solcher (in diesem Fall vor Gericht ausgetragenen) Auseinandersetzungen ging es naturgemäß auch um die weitere Obsorge beider Kinder. Jedoch handelte es sich nicht, wie sonst üblich, um einen Sorgerechtsstreit *um* die Kinder, sondern darum, dass *keiner* der Elternteile die Kinder bei sich haben wollte, weil beide meinten, diese würden sie in ihrer zukünftigen Lebensplanung bzw. bei ihrer versäumten Selbstverwirklichung behindern.

Eine von der Schule veranlasste Aussprache scheiterte an der Verweigerung beider Elternteile. Wie ich später erfuhr, wurden beide Kinder von der Schule abgemeldet, weil sie in einen anderen Stadtteil bei ihren Großeltern väterlicherseits Aufnahme gefunden haben.

Mir drängte sich dabei folgende Überlegung auf: Wie sollen sich Kinder auf die ihnen im Unterricht nahezubringende große Welt einlassen können, wenn ihre kleine Welt derart zerbrochen ist? Nein, eigentlich muss es korrekterweise heißen: … mutwillig zerbrochen wird!

Ausgelieferte Werte

„… im Rahmen gewisser Lebensvorstellungen …"

Werte werden nebenbei vorgelebt und Erziehungsverantwortliche üben sich in stiller Zurückhaltung, was konventionell-konservative Wertevermittlung betrifft.

Denn – so die neoliberale Argumentation – beständige Werte sind dem Lebensentwurf von Patchwork-Identitäten hinderlich und sollten nicht mehr anerzogen werden, sondern sich mittels beiläufig vorgelebten Vitalmustern wirksam entfalten.

Die Tatsache, dass unsere Heranwachsenden dies ohne moralische Landkarte tun, sollte da nicht weiter stören. Namhafte Soziologen rieten den Erziehungsberechtigten in den ausgehenden Neunzigerjahren, in ihrem erzieherischen Aufgaben- und Verantwortungsbereich die Kontinuität von damit einhergehender Unordnung und Regelwidrigkeiten auszuhalten, und bezeichneten dies zu allem Überfluss als Tugend der Orientierungslosigkeit und wohlmeinende Leere.

Was nun diese „wohlmeinende Leere" ausfüllt und was damit an Vorbildwirkung bleibt, sind jene inflationären (im Sinne von entwertenden) Wertvorstellungen, welche durch Sitcoms und Realityshows fragwürdiger Sendeformate höchst anschaulich vermittelt werden. Ich verweise in diesem Zusammenhang auf das neueste Werk[21] des Philosophen und Kulturwissenschaftlers Robert Pfaller, in dem er konstatiert: „So werden Menschen ins Privatfernsehen eingeladen, nicht um dort als *public men* bzw. als *citoyens* Fragen von allgemeinem gesellschaftlichen Interesse zu erörtern, sondern um als *freaks* ihre Privatmarotten vorzuführen …" Und er führt weiter aus:

---

21 Pfaller, R.: Wofür es sich zu leben lohnt. Frankfurt a. M. 2013.

„Ohne jede Ermutigung der Gesellschaft hätten die Leute sich wohl geschämt, so etwas zu tun. Erst seit die postmoderne Kultur ihnen suggeriert, dass sie genau dadurch authentisch, mithin frei von Fremdbestimmung und liebenswert wären, treten scharenweise Personen auf, die bereit sind, sich dazu enthemmen zu lassen." Wenn Pfaller meint, dass dieser soziale Exhibitionismus deshalb möglich ist, weil es dazu der Ermutigung durch das Kollektiv bedurfte, so möchte ich dem hinzufügen: Es bedarf auch der gegenwärtig vorherrschenden Gleichgültigkeit der Gesellschaft – und das im wahrsten Sinne des Wortes, nämlich dass alles *gleich gültig* ist. Es ist eigentlich ein paradoxer Tatbestand, der sich da offenbart, oder wie Pfaller es bezeichnet: „Eine paradoxe Bestärkung: eine soziale Ermunterung zum Asozialen."

In den letzten Jahrzehnten, in denen eine fortdauernde Abstinenz bezüglich konventioneller Werteerklärung und vorbildgebender Sinnorientierung zu beobachten ist, müsste man sich auf die Suche nach möglichen Ursachen machen, um die genannte gesellschaftliche Fehlentwicklung in etwa festzumachen.

Die einfachste Erklärung ist es, den allgemeinen Wertewandel dafür verantwortlich zu machen. Das ist einfach und nachvollziehbar; für die veränderten Werte ist der Wertewandel zuständig. Aber Vorsicht, hier unterliegen wir einer Fehlinterpretation in Form der klassischen Tautologie[22].

Wenn wir also vom gegenwärtigen Wertewandel sprechen, dann muss man der Ordnung halber anmerken, dass

---

22 Unter dem Begriff *Tautologie* ist eine nicht aussagekräftige bzw. nichtssagende, der Ausdruckssteigerung dienende Verwendung mehrerer Wörter gleicher oder sinnverwandter Bedeutung für einen Begriff oder Sachverhalt zu verstehen, z. B.: alter Greis, angst und bange usw.; weiters auch die Erklärung eines Sachverhaltes, die keinen weiteren Erkenntnisgewinn bringt, wie z. B. wenn auf die Frage: „Wer oder was hat die Werte gewandelt?" die Antwort lauten würde: „Der Wertewandel!"

es heute wie damals keineswegs die Werte sind, die einer Wandlung unterworfen werden können. Es sind immer und ausschließlich unsere individuellen und kollektiven Zugänge und Bewertungen, die uns suggerieren wollen, dass der jeweilige Wert an sich veränderbar wäre. Damit verbunden ist eine uns innewohnende zutiefst menschliche Eigenschaft, sich aus der persönlichen Verantwortung zu stehlen. Denn je stärker die vom Kollektiv einer Gesellschaft vorgegebenen Wertvorstellungen im alltäglichen Leben greifen, desto geringer wird der persönliche Spielraum und umso schwieriger wird es aber auch, sich den damit verbundenen Vorgaben zu entziehen oder gar entgegenzustellen, so nach dem Motto: „Na, wenn das eh alle machen …"

Wenn wir das, was wir heute unter Wertewandel subsumieren, verstehen wollen, müssen wir einen Schritt in die politische Dimension der in den 68ern entstandenen Frankfurter Schule machen, von deren geistigen Ausläufern eine ganze Studentengeneration infiziert wurde und die sich bis in kommunale „Niederungen" erstreckte.

Einer der prominentesten Vertreter war der deutsche Philosoph und Soziologe Theodor W. Adorno[23]. Er war der festen Meinung, dass die Weitergabe der nach dem Krieg vorherrschenden Wertvorstellungen unterbrochen werden müsse. Er meinte damit, dass sich nur dadurch eine Wiederholung der vergangenen Gräuel verhindern ließe, und er war absolut davon überzeugt, dass dies nur gelingen würde, wenn sich die Kindergeneration von der Elterngeneration absetze und, durch Schule und Medien beeinflusst, von den damals vorherrschenden Konventionen abtrenne, weil sich nur dadurch die Übertragung der Werte von Eltern auf ihre Kinder „lockern"

---

23 Noelle, E./Petersen, Th.: Zeitenwende. Adorno und die Ursachen des Wertewandels. In: Aus Politik und Zeitgeschichte B29/2001.

würde. Da hat sich ja einiges – vor allem im Bereich der Medien – erfüllt und ist zum nicht mehr einholbaren Selbstläufer geworden.

Allerdings ist unmissverständlich festzuhalten, dass dies für die von erzieherischen Denkmustern der Nachkriegszeit geprägte Gesellschaft einen absolut notwendigen Akt des Umdenkens darstellte, um der damals vorherrschenden schwarzen Pädagogik und ihren Ausläufern den Kampf anzusagen.

Die Menschen, besonders Intellektuelle in der ganzen Welt, wurden von der Idee Adornos ergriffen, die verbunden war mit der Sehnsucht nach Selbstbestimmung, demokratischen Grundwerten und der Faszination von Utopie, Gerechtigkeitsversprechen und Gleichheit im Sinne marxistischer Denkmuster.

Wie wir aus soziologischen Studien wissen, hat jedes Kollektiv die Tendenz, eine träge Masse zu sein – so gesehen kann man die Auswirkung der Frankfurter Schule als absolut außerordentlich bezeichnen.

Allerdings bildeten sich vorwiegend in Westdeutschland in kürzester Zeit massiv auftretende Divergenzen zwischen den Generationen, die in Folge sogar dazu führten, dass viele Eltern die Meinung vertraten, dass sie ihre Kinder in den wichtigen Fragen der Lebensorientierung nicht mehr beeinflussen dürften.

Dies zeitigten dann noch einige Ausläufer bis in die frühen Neunzigerjahre, wie die Allensbacher[24] Umfrage aus dem Jahr 1986 belegt. Demnach waren die Dinge, bei denen die Eltern ihre Kinder am wenigsten beeinflussen wollten, jene, die die grundsätzliche Wertorientierung betrafen – hier haben dann die Vertreter der antiautoritären Erziehung wohl ihre Kinder

---

24 Das Institut für Demoskopie in Allensbach ist eine Gesellschaft zum Studium der öffentlichen Meinung.

mit dem Bade ausgeschüttet. So wie es damals eine absolute Notwendigkeit darstellte, die versteinerten, rigiden Erziehungsmodalitäten ohne Wenn und Aber einzustellen bzw. abzuschaffen, so unerlässlich ist es heute, Strukturen zu schaffen und Regeln einzufordern, die gepaart sind mit Fürsorge und Zuwendung, aber ganz klar Verantwortungsbereitschaft und Disziplin einfordern. Regellosigkeit zieht unweigerlich Grenzenlosigkeit nach sich. Wenn die Grenzen fehlen, fehlen die Leitplanken in den Haarnadelkurven des Lebens, und es entbehrt jeder Verantwortung, Kinder und Jugendliche so lange in Ausweichmanöver hineinschlittern zu lassen, bis sie aufgrund fehlender Sicherungsvorkehrungen abzustürzen drohen.

Nicht abgesicherte neutral-soziale Verhaltensweisen laufen allemal Gefahr, nicht mehr verantwortungsbewusst wahrgenommen zu werden, und gleiten in das Nirwana der Wertlosigkeit und in Folge in die gelebte Belanglosigkeit ab. Dieser Umstand rächt sich jedoch naturgemäß gewaltig, weil uns dadurch das kollektive Bewusstsein abhandenkommt, welches uns vor pathologisch anmutenden, egozentrierten Lebensentwürfen schützt. Beispiele finden wir zur Genüge im Bankwesen und in der Wirtschaft, wo „Macher" ohne Verantwortungsbewusstsein und mit mangelnder fachlicher Kompetenz ihre verantworteten Bereiche bedenkenlos auslagern oder gegen die Wand fahren.

„… und unter konkreten Umständen …"

Angesichts des Verfalls herkömmlicher Leitwerte und damit einhergehender zunehmender Gewaltbereitschaft bei Jugendlichen in den meisten europäischen Ländern zeigt sich, dass sich kaum jemand verantwortlich fühlt, den Jugendlichen angemessene sanktionsrelevante Grenzen aufzuzeigen, damit sie ihre diesbezüglichen Impulse zu beherrschen lernen.

Das Gegenteil ist der Fall: Da überfallen drei Jugendliche einen Schüler, um ihm sein Handy und fünf Euro zu rauben, schlagen ihm seine Kappe vom Kopf, werfen ihn zu Boden und „krönen" diesen Gewaltakt mit zwei Fußtritten. Vier Stunden später werden die Jugendlichen ausgeforscht und auf freiem Fuß angezeigt.

So zeigt uns die Kriminalstatistik aus dem Jahre 2012[25], dass in Österreich knapp 3000 Delikte gegen Leib und Leben (inklusive Mord) Jugendlichen und Heranwachsenden zur Last gelegt wurden.

In Deutschland wurden im selben Jahr knapp 45.000 jugendliche Gewaltverbrechen registriert, davon wurden etwas mehr als 7000 von Kindern unter vierzehn Jahren begangen[26]. Wenn dann verlautbart wird, dass die genannten Delikte „nur" um 0,8 Prozent zugenommen haben, dann muss man sich vor Augen führen, dass es sich dabei um 360(!) Menschen handelt, denen unvorstellbares Leid zugefügt wurde, verbunden mit psychischen und physischen Dauerschäden oder gar dem Tod. Hinzu kommt, dass ja nicht nur der Betroffene selbst, sondern sein ganzes Umfeld in Mitleidenschaft gezogen wird.

***

Geringe Anlässe können ausreichen, um Gewalt auszulösen, berichtet auch die Bundespolizei. Wenn es denn überhaupt einen Anlass braucht.

Das musste auch ein Rentner in der Münchner U-Bahn erleben, als er zwei Heranwachsende auf ein Rauchverbot hinwies. Er erlitt mehrere Schädelfrakturen mit Einblutungen ins Gehirn. Auf einer Videoaufzeichnung war zu sehen,

---

25 Quelle: STATISTIK AUSTRIA, Gerichtliche Kriminalstatistik 2012. Erstellt am 10. Oktober 2013.

26 Quelle: www.statista.com: Das Statistik-Portal: Jugendkriminalität. Tatverd. bei Gewaltverbrechen in Deutschland, 2012.

wie einer der Täter Anlauf nahm und gegen den Kopf des Rentners trat. Tötungsabsicht habe nicht bestanden, sagt der Verteidiger des Jugendlichen. Zudem habe der Rentner einen barschen Tonfall gehabt. Und schließlich tue es dem Jugendlichen „sehr leid"[27].

In so einem Fall wird der höchste Wert, den der Mensch besitzt, ich bin fast versucht zu sagen, besessen hatte, nämlich seine körperliche und seelisch-geistige Gesundheit, im wahrsten Sinne des Wortes mit Füßen getreten.

Es gibt natürlich nach wie vor den Passus, dass der „Angriff auf Leib und Leben" einen höchst sittenwidrigen und unmoralischen und in schwerwiegenden Fällen kriminellen Tatbestand erfüllt. Jedoch wird jede relevante Konsequenz durch eine sich auf Humanität berufende, ungleich wertende Gesetzesauslegung Lügen gestraft, indem sie die Täter mehr schützt als die Opfer.

Die daraus folgenden Gegebenheiten sind unverständlich und im Extremfall erschütternd, wie der im Vorwort dieses Buches schon erwähnte Fall jenes dreizehnjährigen Vergewaltigers belegt, der ein Jahr später ein diesmal zehnjähriges Mädchen in einer öffentlichen Toilette vergewaltigt haben soll[28] – es gilt die Unschuldsvermutung.

Da er bei der ersten Tat nicht strafmündig gewesen war, konnte er nicht zur Rechenschaft gezogen werden. Er blieb daher auf freiem Fuß und, man darf daraus schließen, auch in seiner gewohnten Umgebung. Allerdings wurde ihm ein Erziehungshelfer zur Seite gestellt, und es steht mir natürlich hier nicht an, die damit verbundenen Ausführungsbestimmungen zu beurteilen, aber man darf annehmen, dass die gesetzten Maßnahmen scheinbar nicht gefruchtet haben. Ob hier nach bestem Wissen, Gewissen und Können gehandelt

27 Frankfurter Allgemeine, 6. Oktober 2009.
28 Kleine Zeitung, 14. November 2014.

wurde, ob die gesetzten Maßnahmen adäquat waren, können nur jene beurteilen, die sie verordnet und umgesetzt haben. Man hört in solchen Fällen oft, dass eine weitere Tat nicht vorauszusehen war und dass es immer einen „Unsicherheitsfaktor" gäbe. Vielleicht sind dies geartete Untaten wirklich nicht vorauszusehen, aber wie rechtfertigen sich die Verantwortlichen vor dem neuerlichen Opfer? Die unabsehbaren Folgen solcher Verbrechen sind für die betroffenen Opfer und deren Familienmitglieder natürlich durch nichts und niemanden wiedergutzumachen, sondern (wenn überhaupt) höchstens zu lindern.

Der Leiter des Zentrums für Kriminalprävention, Günther Ebenschweiger, kritisiert den zu laxen Umgang mit dem jugendlichen Vergewaltiger im Rahmen eines Interviews mit folgenden Worten:

> … es ist einfach schäbig, dass wir hier – aufgrund einer unzureichenden Gesetzeslage – zulassen, dass wir hier weitere Opfer produzieren. Und auch jetzt, wo der 14-Jährige in U-Haft sitzt, ist nichts gelöst. Das Strafrecht kommt einfach immer zu spät. Wir müssen hier – auch den jugendlichen Tätern – vorher helfen. Man müsste schon einmal das Jugendhilfegesetz ändern. Wie in diesem Fall sagt das Grazer Jugendamt – das im Rahmen seiner gesetzlichen Möglichkeiten sehr professionell arbeitet – ‚wir können dem Burschen und der Familie nur Angebote machen'. Aber es gibt hier keine verpflichtenden Maßnahmen …[29]

---

29 Das vollständige Interview finden Sie unter:
http://www.kleinezeitung.at/s/steiermark/graz/peak_graz/4594969/14jähriger Vergewaltiger.…

Die in solchen und ähnlichen Fällen vorherrschende „konsequenzferne" Rechtslage hat natürlich eine katastrophale Signalwirkung. Vermittelt sie doch den Übeltätern, dass ihnen kaum einschneidende Konsequenzen drohen. Das Ergebnis ist die Heranbildung einer Vollkaskomentalität nach dem Motto: „Was soll mir schon passieren!"

Bis diese Jugendlichen dann (meist bei einem weiteren Delikt) erkennen, dass sie strafmündig geworden sind, ist es zu spät. Wie sonst erklärt sich die Tatsache, dass ein Großteil der erwachsenen Straftäter bei ihrer ersten Verurteilung eine erhebliche Liste krimineller Vergehen vorweisen kann?

Der Vorsitzende der deutschen Polizeigewerkschaft, Rainer Wendt, spricht von einer Verrohung eines Teils der Gesellschaft. Und diesem Teil sei es gelungen, den öffentlichen Raum zu beherrschen, indem er mit seinen Taten Furcht und Angst verbreite. Fazit: „Wir haben es dadurch mit einem kollektiven Freiheitsverlust zu tun."[30]

Hier fehlen klar strukturierte Institutionen mit unmissverständlichen Vorgaben, begleitet von sinnstiftenden Maßnahmen, das „Recht" auf ein persönliches Schuldbewusstsein und den damit verbundenen Konsequenzen und keine schlampig organisierten Wohngemeinschaften, wo die jungen Menschen wieder auf sich gestellt sind, weil eine effiziente Erziehungsarbeit im Rahmen der Betreuungsvorgaben unmöglich gemacht wird. Dies – und das möchte ich deutlich trennen – hängt in den wenigsten Fällen mit den Betreuerinnen und Betreuern zusammen, sondern mit fehlenden rechtlichen Klammerfunktionen und unzureichenden Ressourcen.

***

---

30 Frankfurter Allgemeine, 6. Oktober 2009.

Bis auf die jüngst initiierten, marginalen europäischen Maßnahmen bezüglich Jugendarbeitslosigkeit und Bildungsmisere könnte man die Situation die Jugendproblematik betreffend mit „Sprachlos in Europa" übertiteln.

Themen wie „vereinheitlichte Glühbirnen" und „Staubsaugerverordnungen" lenken von manch wahrer Verantwortung ab, sind aber oberflächlich gesehen nachvollziehbar, weil leichter „lobbyierbar"; Jugendliche unterer sozialer Schichten haben keine Lobby – auch nicht deren Opfer.

Erschwerend kommt hinzu, dass man es in der EU verabsäumt hat, verbindliche Bildungsziele zu formulieren, die dem europäischen Grundverständnis entsprechen.

Der ehemalige österreichische Vizekanzler und gegenwärtige Vorstand des Institutes für Mitteleuropa, Erhard Busek, hat diesen Umstand klar umrissen, wenn er meint, dass Europa nun einmal die Summe aus alter griechischer Philosophie, römischem Rechtsdenken, jüdisch-christlichem Religionsverständnis, der Aufklärung und der Moderne sei. Die eigentliche Stärke von Europa liegt laut Busek im Intellektuellen und Geistigen, sie liege nicht im Boden in Form von Rohstoffen.[31]

Geschichten und Geschichtslosigkeit sind leicht zu handhaben. Verantwortete Historie, also ein Bewusstsein von Geschichtlichkeit in Verbindung mit der eigenen Existenz zu schaffen, ist wohl eine der schwierigsten Herausforderungen in der Bildung – vielleicht sucht man sie deshalb in den Bildungsstandards vergebens.

Als meine Generation zur Schule ging, gab es das Fach Staatsbürgerkunde, um wesentliche Grundsätze und Werthaltungen des Miteinanders in unserer Gesellschaft zu lernen und

---

31 Vgl. Busek, E./Pelinka, A.: Unsere Zeit. Vorwärts gedacht, rückwärts verstanden. Etsdorf am Kamp 2014.

zu verstehen. Es wäre wohl höchst an der Zeit, so etwas wie eine EU-Bürgerkunde einzuführen, um einen immer größer werdenden Identitätsverlust, vor allem junger Mitbürger, entgegenzuwirken.

Ich meine, dies alles müsste man sich in der EU wieder in Erinnerung rufen und die damit verbundenen Werthaltungen und bisweilen schwer erkämpften Errungenschaften als europäisches Kollektiv und im Bewusstsein der Nationalstaaten wachhalten, statt diese einer pathologisch anmutenden, von Gier geprägten Geisteshaltung anheimzugeben, wie uns jüngste Berichterstattungen über die Saatgutverordnung und dem Griff nach den Wasserreserven vor Augen geführt haben. Europa ist grenzenlos geworden – und das nicht nur auf der Landkarte.

Es ist das notwendende Bewusstsein von der Geschichtlichkeit der eigenen Existenz, es ist das Bewusstsein der kollektiven Leistung unserer Vorfahren.

Es ist das Bewusstsein von der Einmaligkeit eines über sechs Jahrzehnte andauernden Friedens in Mitteleuropa, das Bewusstsein über die epochalen Veränderungen in der Welt durch globale Netzwerke und das Bewusstsein von einer von Turbokapitalismen gesteuerten Wirtschaft und den digitalen Parallelgesellschaften. Und letztendlich ist es das Bewusstwerden von der notwendigen Wachsamkeit im Umgang mit diesen relativ jungen Herausforderungen.

Daraus resultiert zwangsläufig die Gewissheit um die Notwendigkeit von Formen und Normen, die nicht ständig wechseln und schon gar nicht in eine subjektiv anmutende Beliebigkeit abgleiten dürfen. Wir würden als Kollektiv und Individuen viel gewinnen, wenn wir diesen Anspruch mit der Erkenntnis verbinden könnten, dass es sich nicht um „zwin-

gende Formalismen" handelt, sondern um einen unverzichtbaren gemeinnützigen Stabilitätsfaktor, der der gegenwärtig ansteigenden Geringschätzung Menschen und Dingen gegenüber Einhalt gebieten könnte.

Ordnungen wie ein demokratisches Rechtssystem, die Sprache, die Gestalt einer auf die Bedürfnisse der Bewohner ausgerichteten Stadt, die Gliederung eines Tages, das gesittete Einnehmen einer Mahlzeit und grundlegende Formen der Höflichkeit möchte ich hier – wenn auch nur bruchstückhaft – ansprechen.

Ich kann mich nämlich zuweilen des Eindrucks nicht erwehren, dass grundlegend zivilisiertes Verhalten oder das Einfordern desselben immer öfter als anstößig empfunden wird. Da wird mit dem Handy bzw. Smartphone in Arztpraxen und Restaurants ungeniert telefoniert, da werden teilweise intime oder dem Datenschutz unterliegende Informationen lautstark allen anderen Anwesenden mitgeteilt, ohne Rücksicht, ob die daran interessiert sind oder nicht. Und sollten Sie glauben, wenn Sie die telefonierende Person darauf ansprechen, dass diese ihr Gespräch dann unterbricht oder gar beendet, dann haben Sie sich in den meisten Fällen getäuscht (Ausnahmen bestätigen natürlich den Regelfall). Nein, er oder sie sieht Sie an, als hätten Sie nicht alle Sinne beisammen.

Allerdings konnte ich in einer Arztpraxis beobachten, dass eine Patientin, die nach einem zehnminütigen Gespräch die Deutschschularbeit ihres Sohnes betreffend von der Sprechstundenhilfe höflich aufgefordert wurde, das Gespräch zu beenden, die Praxis mit folgenden (ihrer Gesprächspartnerin Gertrude zugewandten) Worten verließ: „Du, wart ein bisserl, ich geh raus, die da regt sich auf!"

Es kann Ihnen aber auch passieren, dass Sie in einem öffentlichen Verkehrsmittel in eine Halteschlaufe greifen und zu spät bemerken, dass Sie in Reste von Ketchup oder andere cremige

Speisereste greifen. Und es könnte sein, dass Sie einen Döner oder Hotdog essenden Jugendlichen dabei beobachten, wie er seine Finger an der Sitzbank reinigt, und wenn Sie ihn darauf ansprechen, im besten Fall einen mitleidigen Blick begleitet von einem leisen Schulterzucken als Antwort bekommen. Es könnte aber auch sein, dass Sie folgende Antwort bekommen: „Was geht Sie das an – gehört die Bank Ihnen?" Sie könnten aber auch jener Kundin begegnet sein, die im Supermarkt aus dem Kühlregal eine Packung Fischstäbchen nahm, es sich dann anders überlegte und diese nicht, wie man annehmen möchte, wieder dort deponierte, sondern ganz ungeniert in das für Frischgebäck vorgesehene Regal legte. Eine andere Kundin, die dies sah, sprach die Dame auf ihr Fehlverhalten an und bekam eine ganz klare Botschaft mit auf den Weg: „Kümmern Sie sich um Ihren eigenen […] – und wenn Ihnen das so wichtig ist, dann tragen Sie es selbst zurück!"

Ich habe die Erlebnisse und Beobachtungen, die ich im Rahmen von Gesprächen mit mehr oder minder betroffenen Personen erfahren durfte, natürlich nur exemplarisch wiedergegeben. Aber ich hoffe, ich konnte damit aufzeigen, dass es gegenwärtig bei bestimmten Zeitgenossen unschicklich (im Sinne von unzeitgemäß) sein kann, jene Verhaltensweisen einzufordern, die getragen sind von Verantwortung, gepflegten Umgangsformen, Respekt und Höflichkeit und die man bis dato unter dem Begriff „zivilisiertes Benehmen" subsumiert hatte.

Ich denke, wir müssten uns wieder jene grundlegende anthropologische Erkenntnis bewusst vor Augen führen, dass unserer Entfaltung bzw. Menschwerdung zwei entscheidende Entwicklungen vorangegangen sind, die bekanntermaßen ja auch noch andauern: zum einen die Evolution, also die Anpassung des Menschen an seine jeweiligen Umweltbedingungen

mit dem Effekt jener Fitness, die erforderlich ist, um unter den gegebenen Rahmenbedingungen bestehen zu können. Zum anderen gibt es aber auch die Anpassung der Umwelt an den Menschen – wir nennen dies dann Kultur. In beiden Fällen führt die konsequente Negierung der erforderlichen Anpassungsmechanismen das Individuum und letztendlich auch das Kollektiv ins Verderben.

Digitale Miterzieher

Der momentan anhaltende Trend – „So viel als möglich und das zur gleichen Zeit" – unterstützt Verhaltensweisen, die bis vor Kurzem noch dem hochgelobten Multitasking zuzuordnen waren. Der Begriff (zu Deutsch: Mehrprozessbetrieb) stammt ursprünglich aus der Computerwelt und benennt die Fähigkeit eines Betriebssystems, mehrere Aufgaben simultan und nicht, wie allgemein fälschlicherweise angenommen, mehrere Aufgaben gleichzeitig auszuführen. Ich kann Musik hören und einen Brief verfassen. Wenn ich mich der Musik widme und einen Bericht verstehend erfassen möchte, wird das schon schwieriger.

Ich kann auch nicht zeitgleich einen Wassertopf aufsetzen, das Gemüse putzen und das Fleisch zubereiten. Gemeint ist also die Fähigkeit, mehrere Aufgaben in einem kürzeren oder längeren Zeitraum zu bearbeiten bzw. zu bewältigen.

Dabei werden mehrere Prozesse gleichzeitig in Gang gebracht und in so kurzen Abständen abwechselnd betreut, dass der Eindruck der Gleichzeitigkeit entsteht.

In Wahrheit wechselt das Hirn rasant zwischen beiden Tätigkeiten hin und her, wobei die Konzentrationsleistung erheblich absinkt und der Stressfaktor diametral ansteigt, wie aktuelle Untersuchungen eines Forscherteams an der Universität Utah herausgefunden haben.

In die gleiche Kerbe stößt der deutsche Neurobiologe Martin Korte[32], indem er resümiert, dass das menschliche Gehirn nicht zum Multitasking geschaffen sei. Die digitalen Medien seien

---

32 Alpbach 2013: Neurobiologe Korte referierte bei Alpbacher Technologie-gesprächen über die Auswirkung von Internetnutzung auf das Gehirn und „die Zukunft des Lernens in der digitalen Welt".

jedoch so konzipiert, dass sie genau dazu verleiten. Man denke an das Spektrum, das heutige Tablets, Smartphones und Computer ermöglichen oder, besser gesagt, zu leisten imstande seien.

Die konkreten Auswirkungen auf das Gehirn würden sich in verringerten Konzentrationsspannen zeigen sowie in höherer Fehlerhäufigkeit und der Sucht nach schnellen Erfolgserlebnissen.

„Die Herausforderung des Lernens wird sein, wie man das Erhaltenswerte und Vernünftige an unserem Bildungssystem – etwa einen Bildungskanon als Plattform des gemeinsamen Wissens – erhalten und darüber hinaus die Möglichkeiten schaffen kann, Schüler und Studenten auch ihren Gewohnheiten entsprechend anhand von digitalen Medien lernen zu lassen", führt Korte weiter aus. „Dazu müssten Schüler und Studenten allerdings auch darin geschult werden, wie man am effektivsten mit den Neuen Medien lernt: Dieses Wissen kommt nicht von selber."[33]

Was Korte hier anspricht, ist aber nicht nur, wie man vielleicht meinen möchte, das einseitige Erlernen und Beherrschen der technischen Möglichkeiten, sondern die verantwortete Nutzung, die den Blick dafür schärft, welche Option zu welchem Zeitpunkt die richtige ist.

✳✳✳

Der Umgang mit digitalen Medien ist fester Bestandteil unseres gesellschaftlichen Treibens; sei es, dass sie als Informationsquelle genutzt werden oder wir uns in sozialen Netzwerken oder in virtuellen Spielwelten bewegen, um nur die wichtigsten Bereiche zu nennen. Firmengiganten bringen immer wieder neue Spiele auf den Markt, von Lernprogrammen und Strategiespielen über Flugzeugsimulatoren bis hin zu brutalen Ballerspielen.

---

33 Soweit ein Auszug aus dem Standard vom 23. August 2013.

Man taucht in seine eigene virtuelle Welt ab und kann diese auch für sich selbst gestalten – und ist mal Held, mal erfolgreicher Rennfahrer, Flugzeugpilot oder Söldner. Es ist ein nachvollziehbarer Reiz, wenn man Held sein kann, und dies macht Computerspiele vor allem für sonst erfolglose oder gelangweilte Jugendliche sehr attraktiv und lenkt zudem von realen unangenehmen Aufgaben, wie z. B. seine Hausübung oder das gebotene Lernpensum zu absolvieren, ab.

Natürlich gibt es wertvolle lern- und konzentrationsfördernde Programme, jedoch sind diese in den Kinderzimmern eher marginal vertreten. Ich fand vor Kurzem in einem Schülerportal einen wirklich guten Aufsatz einer siebzehnjährigen Schülerin zu diesem Thema, den ich hier auszugsweise wiedergeben möchte:

Wenn ein 16-Jähriger mehrere Stunden am Tag vor seinem Gerät sitzt und unentwegt spielt, dann hat das lästige Nebenwirkungen. Auch wenn der PC bereits heruntergefahren ist, denkt man meist an nichts anderes mehr als an dieses eine ganz bestimmte Spiel. Schule und Beruf werden vernachlässigt. Bücher werden kaum mehr gelesen und man verbringt die meiste Zeit im Haus vorm Computer oder darauf hoffend, die Eltern würden einem doch noch erlauben zu spielen. Glücklicherweise verfliegt diese Sucht nach einiger Zeit wieder – spätestens dann, wenn das Spiel ausgespielt ist und langweilig wird. Schlecht wäre nur, wenn man andere Software gefunden hat, die einen genauso mitreißt.[34]

Dem möchte ich nichts hinzufügen.

---

34 Anger, I.: Pro und Contra – Computerspiele.
Auf: http://schuelerseite.otto-triebes.de

***

Bei herkömmlichen Spielformen, ob mit körperlicher oder geistiger Schwerpunktsetzung, sei es von Federball über Halma und Backgammon bis hin zu den komplexeren Varianten wie Cluedo oder anderen Brettspielen mit strategischem Schwerpunkt, wird das Spiel für beendet erklärt, wenn das vorgeschriebene Ziel erreicht ist. Die Spannung lässt nach und man reflektiert mehr oder weniger bewusst Sieg oder Niederlage und tritt zu einer neuen Runde an.

Beim Computerspiel gibt es immer wieder ein nächsthöheres Level, welches am vorhergehenden indirekt oder direkt anknüpft. Sollte dieses im Spiel noch nicht implementiert sein, kann man es downloaden, und wenn der Modus ausgereizt ist, erscheint die nächste Version.

Hier zeigt das Zustandsbild des Users eine starke Ähnlichkeit mit der Wirkweise herkömmlicher Drogen. Es muss die Dosis erhöht werden, um Befriedigung zu erlangen, und auch hier gilt der Grundsatz, dass die Dosis das Gift ausmacht. Der einzige Unterschied besteht darin, dass „digitalisierte Drogen" für jede Altersstufe legal zugänglich sind.

***

Der Mensch ist nun einmal grundsätzlich so konzipiert, dass ihn die Erreichbarkeit der nächsthöheren Ebene herausfordert, und das ist gut so, ist es doch die Antriebsfeder, die den Menschen in allen Lebensbereichen vieles erreichen lässt.

Oft ist dieser Drang jedoch gepaart mit der Unfähigkeit, das Erreichte als das zu erkennen, was es ist, nämlich das angestrebte Ziel, und damit verbunden das Gefühl einer tiefen Befriedigung erreicht zu haben. Das ist normalerweise ein Moment, der uns innehalten lässt, um dieses Gefühl voll und ganz auszukosten und danach entspannt das Erreichte zu reflektieren und zu genießen. Kann dieses Gefühl vom Spieler bzw. der Spielerin in diesem Fall nicht realisiert, also nicht im Bewusstsein als Ziel- und Endpunkt einer Etappe abgespeichert werden, wird sich daraus ein Suchtverhalten entwickeln. Dann mutiert der naturgegebene positive Drang, Neues zu entdecken und Angestrebtes zu erreichen, zur krankhaft anmutenden Drangsal.

Digitaler Autismus

Wenn der allseits bekannte Psychiater und Hirnforscher Manfred Spitzer[35] in unserer Gesellschaft respektive bei unserem „Nachwuchs" Anzeichen einer digitalen Demenz feststellt und sich vehement gegen Initiativen von Wirtschaft und Bildungspolitik wendet, welche ohne viel nachzudenken „alle Schüler mit Notebooks oder Tablet-PCs ausstatten und die Computerspiel-Pädagogik noch zusätzlich fördern wollen", dann orte ich so etwas wie einen digitalen Autismus.

Wobei ich jedoch erklärend voranstellen möchte, dass ich mich bei meiner Interpretation des Begriffes in den folgenden Ausführungen sehr stark an die grundlegende Wortbedeutung anlehne und nicht das Krankheitsbild als solches in irgendeiner Weise diskreditieren möchte.[36]

Eine typische Symptomatik des digitalen Autismus zeigt sich in Abweichungen uns geläufiger Kommunikationsmodalitäten (z. B. die empathische Wahrnehmung der Umwelt oder des Umfeldes), die sich durch starke Einschränkung in

---

35 Spitzer, M.: Digitale Demenz. Wie wir uns und unsere Kinder um den Verstand bringen. München 2012.

36 Der Begriff *Autismus* kommt aus dem Griechischen und bedeutet „sehr auf sich bezogen sein". Ein Blick in die Geschichte zeigt, dass es der Schweizer Psychiater Eugen Bleuler war, der den Begriff 1911 prägte. Er verstand darunter den Rückzug in die eigene psychische Welt.

der sozialen Interaktion äußern. Das heißt, dass betroffene Personen ihre Umwelt nur bedingt wahrnehmen und soziale Bezugspunkte teilweise nicht als solche erkennen oder folgerichtig einordnen, wie ich an den folgenden charakteristischen Beispielen zeigen möchte:

Im Rahmen eines Aufenthaltes in Meran beobachtete ich eine Schülergruppe eines Gymnasiums, die einen Schulausflug in die Trauttmansdorffer Gärten absolvierte. Wer schon einmal dort war, wird wissen, dass sich da eine einzigartige Fülle und Vielfalt von Flora und Fauna offenbart.

Eine Gruppe von Schülern saß auf und rund um eine der Parkbänke und beschäftigte sich mit ihren Smartphones – einige schickten SMS, andere betrachteten ihre soeben gemachten Selfies oder hörten Musik und wieder andere spielten, während eine Lehrperson mehr oder minder erfolgreich versuchte, dem Rest der Klasse die Flora nahezubringen.

Ich stellte mich hinter zwei Schüler, blickte ihnen über die Schulter und wurde ebenso wenig wahrgenommen wie ein Eichhörnchen, das sich gerade auf die Armlehne der Parkbank gesetzt hatte.

Nicht so augenscheinliche, weil gesellschaftlich bereits etablierte Formen des digitalen Autismus bemerkt man vermehrt bei Anlässen wie Familientreffen, Hochzeiten, Geburtstagsfeiern etc. Da sieht man vorwiegend Jugendliche, die komplett abwesend ihr Smartphone oder ihr Mini-iPad und ähnlich geartete digitale Spielwelten im Pocketformat bearbeiten.

Zwei weitere Vorfälle, die meine These in ihrer Abnormität veranschaulichen sollen, ereigneten sich im Juni 2013 in der Weststeiermark und in Graz und wurden in einer Grazer Tageszeitung[37] mit folgender Schlagzeile kommentiert:

---

37 Hecke, B.: Kleine Zeitung, 10. Juni 2013.

„Nein, die Smartphone-Welt der Schaulust ist wahrlich gar nicht lustig!"

Zum Sachverhalt: Als die Feuerwehr beim Brand eines Wirtschaftsgebäudes und des benachbarten Wohnhauses eintraf, wurde diese von Schaulustigen behindert, die, das Handy im Anschlag, die Zufahrt verstellten, weil sie damit beschäftigt waren, das Geschehen digital festzuhalten.

Aber das ist nichts gegen das, was sich eine Woche darauf in Graz abspielte. Hier sprang ein lebensmüder sechzehnjähriger Jugendlicher in die Mur.

Das Unfassbare spielte sich aber oben auf der darüber liegenden Hauptbrücke ab. Dort waren die Passanten nicht darum bemüht, in erster Linie das Leben des jungen Mannes zu retten, sondern sie zückten ihre Handys und Smartphones, um Fotos und Videos zu machen.

Hier stellt sich nun die grundlegende Frage, was da vor sich geht: Handelt es sich um einen gruppendynamischen Prozess, wie wir ihn aus soziologischen Studien kennen, und der auftritt, wenn die Summe der Eigenschaften von Individuen ein „Gleichmaß" erreicht hat, ähnlich dem bekannten Massenphänomen? Oder ist es lediglich die Option, „live" dabei zu sein, ohne sich psychisch oder physisch einlassen zu müssen, ähnlich dem Gewohnheitsverhalten bei übertragenen Live-Nachrichten im Fernsehen oder anderen digitalen Medien? Hier wäre dann der sogenannte Übertragungseffekt in zweifacher Weise wirksam.

Soziopsychologische Vergleichsstudien sprechen von einem „Trend", der weltweit vor allem in Städten anzufinden ist. Die Menschen ergötzen sich am Geschehen oder stehen diesem gleichgültig gegenüber. Auf den Punkt gebracht schauen sie zu, wenn etwas passiert, aber greifen nicht helfend ein.

Fazit: Es mangelt uns anscheinend an kollektivem Bewusstsein, hervorgerufen durch eine überbordende Individualisierung, die dazu führt, dass die Obsorge für „mich" einen unverhältnismäßig hohen Stellenwert einnimmt und dies naturgemäß zuungunsten der Obsorge für die Gesellschaft und der damit einhergehenden Verantwortung dem oder der Nächsten gegenüber.

In ergänzenden psychologischen Studien wurde festgestellt, dass die Grundlage für ein kollektives Bewusstsein einzig und allein in einem gesund ausgeprägten Mitgefühl vorhanden ist. Der Mensch ist von seiner neurobiologischen Prägung her grundsätzlich darauf ausgelegt, anderen zu helfen. Dieses „Mitempfinden" hängt mit der Funktionsweise unserer Spiegelneuronen[38] zusammen. Sie ermöglichen es, mit anderen Menschen mitzufühlen, also Mitgefühl zu empfinden. Mitgefühl ist jedoch auch ein „Erscheinungsbild", das in bestimmten Momenten und in bestimmten Situationen im täglichen Miteinander erforderlich ist. Die Basis dafür wird ausschließlich in einem gesellschaftlichen Wertebild langfristig angelegt.

***

Beeindruckend war andererseits aber auch der sehr engagierte, selbstlose Einsatz von Jugendlichen beiderlei Geschlechts, die sich bei den letzten Unwetterkatastrophen in beispielhafter Art und Weise bei den Aufräum- und Wiederherstellungsarbeiten engagiert haben.

---

38 Die Spiegelneuronen sind ein weit verzweigtes System von speziellen Nervenzellen in unserem Gehirn. Sie sind die Basis für das Verständnis dafür, was andere Menschen empfinden. Sie „überbringen" uns, was Menschen in unserer Nähe fühlen, und lassen uns deren Freude oder Schmerz mitempfinden. Deshalb ist Lachen genauso ansteckend wie Weinen. Ein typisches Beispiel für die Funktion der Spiegelneuronen ist der Akt des Gähnens.

Ist hier ein Widerspruch in Form von klassischen Divergenzen zu sehen oder zeigt sich einfach nur das Sittenbild einer heterogen-pluralistischen Gesellschaft? Wobei das mit der Pluralität so eine Sache ist: Eine zu wenig pluralistische Gesellschaft erstarrt in einer leerlaufenden Staatsmaschinerie, eine zu sehr pluralistische Gesellschaft endet in staatlicher Desintegration.[39]

Die sich nun aufdrängende Frage, warum Verantwortungsgefühl und die daran anknüpfenden Handlungsmuster mit den im normalen Alltag anfallenden An- und Herausforderungen derart divergieren, wird man schwer allgemeingültig beantworten können.

So führen medial aufbereitete Spendenaufrufe via TV zu immer neuen Rekordhöhen, was natürlich einmal absolut zu befürworten ist. Ob der in Bild und Text medial effektiv aufbereitete Aufruf zur Mitmenschlichkeit aber bei „mir" mehr bewirkt als eine (vielleicht im Vorübergehen) wahrgenommene Botschaft in Richtung persönlicher Empathie, wird wohl von jedem und jeder selbst beantwortet werden müssen, zumal Letztere von uns mitunter so etwas wie Zivilcourage abverlangt.

Ich glaube grundsätzlich nicht an eine generelle Verarmung von Empathie und sozialem Gewissen, jedoch gibt es in unserem Gesellschaftssystem vermehrt Strömungen, die drauf und dran sind, einen Homo oeconomicus zu generieren. Das ist das Modell eines Menschen, der ausschließlich ökonomischen, dem Eigennutz dienenden Rationalitätsannahmen folgt und diese ohne Rücksicht auf das soziale Umfeld in die Praxis umsetzt.

Populärwissenschaftlich aufbereitete Ansätze finden sich unter anderem in dem meiner Meinung nach sehr subtil anmutenden „Erfolgsintelligenzmodell" nach Robert Sternberg[40],

---

39 Vgl. Def. Wiktionary, Juli 2013.
40 Vgl. Sternberg, R.: Erfolgsintelligenz. München 1999.

der ein nicht dem Selbstzweck dienliches Verhalten planmäßig ausblendet und dem Erfolg hinderlich sieht. Ein in diesem Zusammenhang oft genanntes Beispiel verdeutlicht dies:

Zwei Burschen gehen im Wald spazieren. Sie sind sehr unterschiedlich. Die beiden schlendern durch den Wald, als sie plötzlich einem Problem begegnen, und zwar in Form eines riesigen, sehr aufgebrachten und äußerst hungrig wirkenden Bären, der direkt zum Angriff übergeht. Der erste Junge (er hat in Mathematik hervorragende Zensuren) rechnet aus, dass der Bär sie in 57 Sekunden erreicht haben wird, und gerät in Panik. Er wirft einen verzweifelten Blick auf seinen Begleiter, der sich in aller Ruhe seiner Wanderschuhe entledigt und seine Joggingschuhe anzieht.

Sagt der erste zum zweiten Jungen: „Bist du wahnsinnig? Wir können unmöglich schneller laufen als der Bär!" Der zweite Junge antwortet: „Ganz richtig. Aber ich muss ja nur schneller laufen als du!"

Modelle solcher „Heroes" finden wir zuhauf in jedem indizierten Adventure oder War Game, in dem es darum geht, sich seiner Gegenspieler und – wenn nötig – seiner Partner zu entledigen, um das nächsthöhere Level zu erreichen. Hier entdecken die Spieler eine dem reinen Selbstzweck generierte Scheinwelt, die jeden Ansatz von kollektivem Bewusstsein (wenn auch nur vorerst im Spiel) im Keim erstickt.

Mediale Vorbildwirkung

Nun mögen Meinungen dazu mitunter auch von (wie man glauben könnte) fachverständigen Personen vorliegen, die besagen, dass mediale Scheinwelten nur einen geringen Anteil daran haben, in der realen Welt auch umgesetzt zu werden. Dem halte ich entgegen, dass das Nachahmungsverhalten in seinen Ausformungen den Vorbildern sehr genau nachempfunden ist.

Hier geht es natürlich nicht nur um idente Handlungsweisen, sondern um Grundhaltungen, die sukzessiv aufgebaut werden. Ich möchte dazu zwei Beispiele anführen:

Im ersten geht es darum, dass ich einige Jungen beobachtet habe, wie sie sich mit Dartblastern ein „Gefecht" lieferten. Dabei handelt es sich um Spielzeugpistolen, bei denen mithilfe von Luftdruck weiche, patronenähnliche Schaumstoffgeschoße verschossen werden. Sie sind als Aktionsspielzeug bzw. Funsportgeräte für Kinder im Alter von sechs bis zwölf Jahren konzipiert und in ihrer Wirkweise keineswegs zu vergleichen mit Softgun- oder Paintballgeschoßen, da sie in ihrer physischen Wirkweise nahezu ungefährlich sind. Sie sind in bunten Farben gehalten, um das Erscheinungsbild als Spielzeug zu betonen und sich zu herkömmlichen Spielzeugwaffen abzugrenzen.

Man könnte jetzt lang und breit diskutieren, ob der daran gebundene Effekt hilfreich ist oder aber eher der Verharmlosung dient. Ich möchte mich hierauf nicht einlassen, da eine solche Auseinandersetzung von meinem Kernanliegen wegführen würde.

Viel wesentlicher erscheinen mir die Eindrücke, die mit der Haltung der spielenden Kinder zu tun haben. Kommandos wie „Mauer gesichert. Baum frei!" (in Krimis heißt es immer „Raum frei" – die Kinder spielten im Freien) ähnelten den aus einschlägigen Serien entliehenen Anweisungen. Auch die Körperhaltung, das Vorangehen sowie die abgestützte Handhaltung beim Umgreifen der Spielzeugwaffe waren augenscheinlich den „Vorbildern" entnommen.

Eine direkte, nicht so harmlose Umsetzung von Nachahmungslernen dokumentiert Beispiel Nummer zwei und fand im nahe gelegenen Park einer städtischen Hauptschule statt.

Ich war damals an dieser Schule als Lehrer beschäftigt und beim Heimweg kam ich an besagter Parkanlage vorbei.

Dort befand sich eine Gruppe von Schülern und Schülerinnen, die als Kreis formiert anfeuernde Laute von sich gaben.

Im Zentrum des Geschehens zwei Schüler der dritten Klasse, die in einen Raufhandel verstrickt waren. An und für sich nichts wirklich Außergewöhnliches in diesem Alter, da kommt es hin und wieder zu Meinungsverschiedenheiten, die in eine Rangelei münden; das hat es zu allen Zeiten gegeben – auch wenn es nicht die erwünschte Form ist, einen Konflikt zu bereinigen.

Warum mir gerade dieser Vorfall auch nach über zwanzig Jahren noch so gut im Gedächtnis ist, hängt damit zusammen, dass ich erstmals gesehen habe, wie ein Schüler von knapp dreizehn Jahren auf den am Boden in embryonaler Stellung liegenden, also sichtlich hilflos wirkenden Verlierer unentwegt eintrat und erst von ihm abließ, als ich ihn von seinem Opfer wegzog. Heutzutage scheint es an der Tagesordnung zu sein, dass Raufhändel oder Überfälle damit enden, dass man das Opfer zusätzlich durch exzessive Gewaltausbrüche demütigt.

Dass die Häufung solcher und ähnlicher Vorfälle (zumindest zeitlich) mit dem beginnenden Auftreten sogenannter Blutopern zusammenhing, die in Form von B-Movies in die Kinos kamen und deren Ausläufer mehr oder weniger zensiert per TV in die heimischen Wohnzimmer schwappten, mag ein Zufall sein, an den es mir zu glauben schwerfällt.

Dazu möchte ich eine im Spiegel Online[41] zitierte Studie des Bundeskriminalamtes anführen, in der es heißt, dass Beleidigungen, Tritte, Schläge, Erpressung, also rohe Gewaltanwendung, auf dem Schulhof keine Ausnahmen darstellen, sondern alltäglich sind. Etwa fünf Prozent der Jugendlichen

---

41 Gewalttätige Schüler: Klimakatastrophe im Klassenzimmer. In: Spiegel Online vom 25. Mai 2004.

sind extrem aggressiv und quälen regelmäßig Mitschüler. Eine wichtige Rolle spielen dabei kaputte Familien, Erziehungsfehler und Medienkonsum.

Zu ähnlichen Erkenntnissen kommt auch die Studie[42] des allseits anerkannten Erlanger Psychologieprofessors und Kriminologen Friedrich Lösel, in der er einen nicht unbeträchtlichen Einfluss auf die Gewaltbereitschaft der Zugehörigkeit zu diversen Cliquen und dem Konsum gewalthaltiger Video- und Fernsehfilme zuschreibt.

Ein indirekter Zusammenhang begründet sich meines Erachtens im stark realitätsnahen Bezug beim Eintauchen in diverse an Brutalität überzeichnete Rollenbilder, vor allem bei Games der neueren Generation, und dem Reality-Effekt in 3-D-Filmen, deren Zensur dem Goodwill der jungen Konsumenten oder sehr engagierten und pflichtbewussten Eltern anheimgegeben ist, da die Medienindustrie natürlich vorwiegend daran interessiert ist, massive Gewinne einzufahren und somit der Quantität absolute Priorität einräumt.

Ich kenne natürlich auch die Argumentation, die vorgibt, dass das alles nicht so schlimm sei, vor allem dann, wenn Kinder in gefestigten, sozial gut ummantelten familiären Beziehungsgeflechten und in wohngebend geordneter Umgebung beheimatet seien.

Nun, das mag stimmen. Eine grundsätzliche Frage sei mir jedoch dazu erlaubt: Auf wie viele Kinder und Jugendliche trifft das heute zu? Und wenn dies auch eine satte Mehrheit beträfe (ich wähle bewusst den Konjunktiv), so haben wir doch die Pflicht, auf jene unser volles Augenmerk zu lenken, bei denen dies nicht der Fall ist.

---

42 Ebd. Sowie in: Forschung und Entwicklung. Beilage zum Bundeskriminalblatt Nr. 237 vom 17. Dezember 2003.

***

Als kleiner Exkurs zu diesem Kapitel sei mir abschließend ein nostalgischer Vergleich gestattet: Auch meine Generation spielte Cowboy und Indianer oder Räuber und Gendarm mit „gummibetriebenen, aus Wäscheklammern zusammengebauten (nicht immer ungefährlichen) revolverähnlichen Nachbildungen", und auch sie hatte ihre „Vorbilder" meist aus Büchern und bestenfalls aus den sich langsam etablierenden Comics, die übrigens zur damaligen Zeit als „Schundhefte" bezeichnet wurden.

Auch wir haben versucht, uns ins Kino zu schwindeln, um die damals wesentlich strengeren und mitunter sicher stark überzogenen Jugendschutzbestimmungen zu umgehen. Ich erinnere mich, dass man mir als Sechzehnjährigen den Zutritt zu einem der ersten James-Bond-Filme verweigerte, einem Film der gegenwärtig mindestens fünfmal im Jahr im Nachmittagsprogramm der verschiedenen Sendeanstalten zu sehen ist.

Nun ja, das ist es eben, das schon genannte Dilemma des unmäßigen Pendelausschlages, egal in welche Richtung dieser erfolgt.

BRENNPUNKT
SCHULE UND BILDUNG

Die Schwächen unseres Bildungssystems

„Sie entlässt die jungen Menschen kenntnisreich,
aber erfahrungsarm, erwartungsvoll, aber orientierungslos,
ungebunden, aber auch unselbstständig – und einen erschreckend
hohen Anteil unter ihnen ohne jede Beziehung zum Gemeinwesen."[43]

Wenn ich hier nachfolgend der Schulthematik ein ausgedehntes Kapitel widme, dann hat das nicht nur mit meinem beruflichen Grundverständnis zu tun, sondern resultiert aus der Erkenntnis, dass Schule innerhalb der edukativ-gesellschaftlichen Rahmenbedingungen ein eigenständiges Subsystem in der Bildungslandschaft darstellt.

Schule hat aus Bildung Schulbildung gemacht und Schulbildung definiert sich daher grundsätzlich aus dem Unterrichtsgeschehen. Auf den Punkt gebracht ist festzuhalten: Schule bildet nicht, Schule unterrichtet!

Da helfen auch keine noch so gut gemeinten Reformbestrebungen, die dann letztendlich als „Sparstiftreformen" enden, wobei der Schwerpunkt auf Sparstift und nicht auf Reform gelegt wird.

Und bitte, wie soll man ein Schulsystem an und für sich beurteilen, in dem pädagogische Strömungen unter der Bezeichnung Reformpädagogik subsumiert werden, deren Ursprünge vorwiegend in den ersten Jahren und Jahrzehnten des vorigen

---

43 Hentig, H. v.: Die Schule neu denken. München 1993.

Jahrhunderts zu finden sind? Montessori (1907)[44], Steiner/
Waldorf (1919), Petersen/Jenaplan (1930), Freinet (1934), um
nur die wichtigsten bzw. gegenwärtig am meisten verbreiteten
Vertreter zu nennen.

Dieser Umstand bezeugt eindeutig, dass sich nach den
wirklich großen und pädagogisch höchst wertvollen Umbrü-
chen, die jene vier exemplarisch genannten Reformpädagogen
ins Leben gerufen haben, in diese Richtung nicht mehr viel
getan hat.

Vielleicht liegt dies aber in dem Umstand begründet, dass
die vier genannten Protagonisten bei der Entwicklung und
Umsetzung ihrer Vorstellungen die Bedürfnisse und Ansprüche des Kindes in die Mitte stellten – und nicht ideologisch
gefärbte Denkmuster ins Zentrum rückten.

Das eigentliche Dilemma in der Schulentwicklung hängt
gegenwärtig, so scheint es zumindest, damit zusammen, dass
vermehrt für bildungspolitische und somit pädagogische
Belange Vertreter fremder Berufsgruppen hinzugezogen werden. Dies ist in Analogie gleichzusetzen mit dem Umstand,
dass man Psychologen und Pädagogen beauftragen würde,
um im Maschinenbau technische Probleme zu lösen.

Hier halte ich es mit der Journalistin C. Kerschbaumer, die
in einem Leitartikel unter anderem Folgendes feststellte: Die
Kritik ist dort anzusetzen, wo selbsternannte Experten das
Wort reden und ausbildungsfremde Personen, die nie in einer
Klasse standen und deshalb von exzessiver Ahnungslosigkeit
sind, zu pädagogischen Heilsbringern aufgeblasen werden!

Es handelt sich dabei oft genug um „Teilzeitexperten", deren
einzige fachliche Kompetenz darin besteht, dass sie einmal

---

44 Die Jahreszahlen beziffern das erste Auftreten bzw. das Jahr der ersten Umsetzung des jeweiligen Konzeptes.

selbst zur Schule gegangen sind oder Kinder haben, die eine solche gerade besuchen. Sie übersehen dabei, dass ihnen, abgesehen von einer pädagogischen Ausbildung, eine der wesentlichsten Perspektiven zur Beurteilung der momentanen Bildungsmisere fehlt – nämlich das alltäglich schulische Geschehen aus der Sicht des „Nicht-Schülers" erlebt zu haben.

Die wahren Fachleute befinden sich vor Ort; das sind jene Frauen und Männer, die Tag für Tag in Kindergärten, Volksschulen, Haupt-, Neuen Mittelschulen und AHS ihren Dienst tun. Diesem Umstand wird bei Schulentwicklungsbestrebungen kaum Rechnung getragen. Da werden nach dem Gießkannenprinzip einige „Bildungsgurus" engagiert, und die pendeln dann von Bundesland zu Bundesland, halten zwei Seminartage im Rahmen der schulinternen Fortbildung an den Schulen ab, an denen die betroffenen Lehrerinnen und Lehrer ein theoretisches Konstrukt „aufgebürdet" bekommen, das sie gefällig (nicht zu verwechseln mit gefälligst) in die Praxis umsetzen sollen.

***

Man weiß aus gut evaluierten Beispielen im Rahmen interdisziplinärer Zusammenarbeit bei universitären Forschungsprojekten, dass Innovationen grundsätzlich immer am Rande des Faches oder der Disziplin und nie in der Mitte stattfinden.

Das hat damit zu tun, dass sich die Blickwinkel der Beteiligten verändern, weil sie durch die Ansprüche und Problemstellungen des Gegenübers zur Außensicht geführt werden.

Dann werden nämlich jene, die von den Kindergärten eine perfekt abgeschlossene Vorschulbildung in den Kulturtechniken einfordern, hören, dass es Kinder gibt, die mit viereinhalb Jahren noch nicht einmal ein ansatzhaft vorhandenes kommunikatives Spielverhalten zeigen und mit vorbereiteten Bausteinen nichts anzufangen wissen und diese als Wurfgeschosse zweckentfremden, und sie werden hören, dass es knapp Sechsjährige gibt, die es nicht fertigbringen, einen halbwegs geschlossenen Kreis zu zeichnen, wie mir Kindergartenpädagoginnen im Rahmen eines Seminars erzählt haben.

Erst ein intensiver Austausch der jeweiligen vorhandenen Vor-Bedingungen brächte zwangsläufig einen Paradigmenwechsel, also eine veränderte Sichtweise, der mitunter starren inneren Denkmuster mit sich. Erst dann ist es möglich, sich kritisch den eigenen Befindlichkeiten anzunähern. Und in diese Gespräche gehören jene Pädagoginnen und Pädagogen maßgebend hinzugezogen, die täglich vor Ort mit den Herausforderungen konfrontiert sind, egal ob dies die Erziehungsfelder des Vorschulalters oder der Adoleszenz betrifft.

Vor allem Kindergartenpädagoginnen und Grundschullehrerinnen sind oft genug als „Navigatoren in unkartiertem Gelände" unterwegs. Dort, wo man durch das Elternhaus im Sozialverhalten vorgezeichnete Bahnen und ein Grundverständnis von Verantwortung oder zumindest Folgsamkeit voraussetzen könnte, findet sich mitunter unberührtes „Gelände". Ich möchte diesen vielleicht vorerst etwas nicht ganz nachvollziehbaren Sachverhalt durch ein Beispiel aus meiner beruflichen Tätigkeit als Fachinspektor verständlich machen: Ich war auf Schulbesuch in einer ersten Klasse einer Privatschule. Die Kinder dieser Klasse kamen allesamt aus gut bis sehr gut situierten Elternhäusern. Die Unterrichtsstunde war schon fortgeschritten und der Lehrer gab einen (der Schulstufe adäquaten) Arbeitsauftrag. Als er merkte, dass ein Schüler diesem nicht nachkam, sprach er ihn daraufhin an: „Na, Markus, möchtest du nicht das Heft herausnehmen?" Darauf Markus: „Nein, ich mag heute nicht!" Der Lehrer versuchte ihn zu überreden und verwies auf die Mitschüler und Mitschülerinnen, die schon bei der „Arbeit" waren. Markus blieb jedoch dabei – er wollte nicht mitarbeiten. Daraufhin begann der Lehrer zu erklären:

„Weißt du, Markus, es gibt Dinge und Aufgaben im Leben, die müssen einfach gemacht werden. Auch bei mir gibt es solche Dinge, die ich machen muss, obwohl ich sie nicht machen möchte!" Darauf Markus: „Na, dann lass es!"

**

Die Erkenntnis, dass eine kontinuierliche Vernetzung aller in Erziehung und Bildung tätigen Personengruppen höchst an der Zeit wäre, hat sich jedoch in den „Niederungen" des allgemeinbildenden und höheren Schulwesens noch nicht einmal ansatzhaft durchgesetzt. Wie könnte es sonst sein, dass die in den Bereichen der Fort- und Weiterbildung angebotenen Themen und Inhalte noch immer schultypenspezifisch abgehalten werden? Einige wenige Ausnahmen bestätigen diesen großteils noch immer bestehenden Regelkreis.

Wenn schon hier die Möglichkeiten eines innovativen Austausches sträflich unterlassen werden, wie soll sich da jemals das gemeinsame Vielfache des pädagogischen Anliegens von allen in bildungsnahen und bildungsinternen Bereichen und Institutionen tätigen Personengruppen etablieren? Es gibt, und das sei positiv festgehalten, erste erfolgversprechende Bestrebungen in Richtung gemeinsamer Bildungsangebote im Bereich der Sekundarstufe I.

Aber erst wenn es gelingt, maßgebende Vertreterinnen und Vertreter aller mit Erziehung befassten Disziplinen zu einem regelmäßigen Wissens-, Erfahrungs- und Meinungsaustausch zu vereinen, dann werden Theorie und Praxis einander bereichern können, dann würde dies nicht nur das gegenseitige Verständnis fördern, sondern auch, wovon ich überzeugt bin, zu wirksamen (ineinander)greifenden Veränderungen in sozialpädagogischen Bereichsfeldern in der Erziehungs- und Bildungslandschaft führen.

Zeiterscheinungen und Etikettenschwindel

Die Befindlichkeit politischer, sozialer oder wirtschaftlicher Organisationen erkennt man an ihren „Heilswörtern". Wir finden sie in Kultur, Wissenschaft und Politik.

Die Neuzeit hatte sich unter anderem Aufklärung, Fortschritt, Humanität und Leistung auf ihre Fahnen geheftet. Allgemeingültige und in ihrer gesamten Bedeutung schwer fassbare Begrifflichkeiten mit einem schier unermesslichen Rahmen an Deutungsmöglichkeiten – deshalb sind sie auch so beliebt.

Diese Wörter stecken voller nicht wirklich greifbarer Zusagen; sie werden gerne verwendet, weil sie in ihrer breiten semantischen Streuung jene kultivierte Unverbindlichkeit beinhalten, die jedermann und jedefrau nutzen kann.

Sie sind geschätzt bei Technikern, Umweltschützern, Wirtschaftstreibenden und letztendlich bei allen Parteien, egal ob sie politisch eher rechts, eher links oder in der Mitte positioniert sind.

Dann gibt es noch typisch spezifische Bezeichnungen, die aus allgemeinen Bereichen „rekrutiert" bis sinnentfremdet, bei Bedarf vorwiegend speziellen Disziplinen zugeordnet werden.

Im bildungspolitisch-pädagogischen Bereich heißen diese gegenwärtig *Bildungsstandards* und *Kompetenzorientierter Unterricht*. Erstgenannte erfahren im momentanen Gebrauch eine willkürlich von einseitig geprägten Protagonisten bewirkte Einengung auf einige wenige Fachbereiche; Zweitgenannter reduziert den Kompetenzbegriff auf ein Minimum seiner Gesamtheit und bleibt somit schultechnisch-reduziertes Stückwerk.

Die nachfolgenden Überlegungen mögen meine Kritik an den beiden oben genannten bildungspolitischen „Fragmenten" begründen und verdeutlichen.

Die Bildungsstandards

Mit der Novelle zum Schulunterrichtsgesetz wurde die rechtliche Grundlage für die Einführung von Bildungsstandards geschaffen. Die darauf bezogene Verordnung legt in einzelnen Unterrichtsgegenständen fest, was Schülerinnen und Schüler nach der 4. und 8. Schulstufe können sollen. Sie legen jenes „Können" fest, das Schüler und Schülerinnen bis zum Ende der jeweiligen Schulform in Deutsch und Mathematik sowie Englisch nachhaltig erworben haben sollen.

Bei den genannten Richtlinien handelt es sich durchaus um das redliche Bemühen im Sinne einer allgemeingültigen Qualitätssicherung mit dem Ziel, das fachliche Niveau an den einzelnen Schulstandorten zu heben. Dies darf aber nicht darüber hinwegtäuschen, dass es sich dabei ausschließlich um Leistungsstandards einiger ausgesuchter Fachbereiche handelt.

Nun wird heute kaum jemand sinnvolle Instrumentarien zur Qualitätssicherung von Fachwissen infrage stellen; jedoch hier im umfassenden Sinne von „Bildungs"-Standards zu sprechen, finde ich nicht nur falsch, sondern auch fahrlässig, weil der Eindruck vermittelt wird, dem Gesamtauftrag von Bildung zu entsprechen – und dieser ist wohl wesentlich breiter anzusetzen, als von einseitig fachorientierten Lerntechnokraten vorgegeben. Die Idee, das Unterrichtsgeschehen endlich von seiner „Schubladenstruktur" zu lösen, ist ja nicht neu. Ebenso wie die Forderung, Lehr- und Lerninhalte nicht ausschließlich vom jeweiligen Fach her zu konstruieren, sondern von den existenziellen Bedürfnissen des Menschen, im Rahmen seines sozialen Gefüges ausgehend, verbindend zu formulieren und die jeweiligen Fachinhalte daran auszurichten. Dies wäre der längst fällige erste Schritt (vor allem im Bereich der Sekundarstufe I und II), um einen umfassend angelegten Bildungsbegriff zu realisieren, der die Bezeichnung „Bildungsstandards" auch verdient.

Der kompetenzorientierte Unterricht

Vorwegnehmend eine knappe Begriffsklärung: Unter Kompetenzen verstehen wir das, was in „neu eingedeutschter Benennung" unter Hard und Soft Skills gemeint ist – früher nannte man dies Hausverstand und Herzensbildung –, also die dem Individuum innewohnenden Fähigkeiten und Fertigkeiten in sozialen und sachbezogenen Bereichsfeldern, die es zu erweitern und zu vertiefen, kurzum, die es in Form von gezielten Fördermaßnahmen auszubauen gilt.

Lassen Sie mich daher im folgenden Kapitel etwas ausholen, um das gesamte Spektrum des in die Schulwelt gebrachten und unvollständig ausgerichteten Kompetenzbegriffs auszuleuchten.

Dazu lenken wir zuerst den Fokus auf Heinrich Roth und Wolfgang Klafki. Sie sind wohl unbestritten diejenigen, die den Kompetenzbegriff in die Erziehungswissenschaft eingeführt haben. Das zentrale Ziel kompetenzorientierten Lernens in Bezug zur Erziehung – und diese darf hier wohl nicht ausgeblendet werden – geht im Rahmen ihrer Auslegungen weit über einen rein fächerbezogenen Anspruch hinaus, da am Ende der Bemühungen die Mündigkeit als Kompetenz für verantwortliche Handlungsfähigkeit stehen soll.

Diese wiederum gliedert sich in eine Trias, die geleitet ist von Selbstkompetenz, Sachkompetenz und Sozialkompetenz.

Ich möchte festhalten, dass die Leistung jener Pädagoginnen und Pädagogen, die mit der Forderung und Umsetzung nach kompetenzorientierten Unterrichtsformen einen längst fälligen Schritt in Richtung „Erneuerung" getan haben, hoch zu schätzen ist, jedoch habe ich Zweifel, dass eine Übertragung der erforderlichen Inhalte im Sinne der genannten Trias möglich sein wird, da die fachbezogenen Zwänge im Rahmen der Lehrplanerfordernisse der Sachkompetenz absolute Priorität einräumen werden.

Dass ich hier nicht weit fehle, belegt ein über hundertvierzig Seiten starkes Konvolut des BIFIE[45] zum kompetenzorientierten Unterricht[46].

Eine ausführliche inhaltliche Darstellung zur Beweisführung meiner Kritik an dieser Niederschrift erspare ich dem Leser und der Leserin, zumal Sie sich selbst im Internet davon überzeugen können[47], dass es sich bei den darin befindlichen Lehr- und Lerninhalten sowie bei der methodischen Herangehensweise zwar um ein gut strukturiertes, auf den jeweiligen Fachbereich ausgerichtetes Handbuch handelt, jedoch keineswegs um umwälzende Neuerungen im Sinne eines sozial-humanen, auf Empathie ausgerichteten Kompetenzerwerbs. Es ist, denke ich, inzwischen hinlänglich bekannt, dass es so etwas wie emotionale Intelligenz/Kompetenz gibt, die man durch gezielte Förderung erweitern und vertiefen kann. Hier wurden meiner Meinung nach die vielfältigen Möglichkeiten nicht wahrgenommen bzw. ausgeschöpft, die mit der Installierung kompetenzorientierter „Bildungsstandards" einhergehen hätten können.

Notwendige Erläuterung zum Kompetenzbegriff

Wie allgemein bekannt sein dürfte, unterscheiden wir generell vier Stufen der Kompetenzbildung. Auf der untersten oder auch ersten Stufe bewegen wir uns im Bereich der *Unbewuss-*

---

45 Bundesinstitut für Bildungsforschung, Innovation und Entwicklung des österreichischen Schulwesens

46 BIFIE (Hrsg.): Kompetenzorientierter Unterricht in Theorie und Praxis. Graz, 2011.

47 Quelle: www.bifie.at/downloads, PDF-Datei: Kompetenzorientierter Unterricht in Theorie und Praxis. Informationsbroschüre für Lehrer/innen.

ten Inkompetenz. In diesem Bereich überwiegt die Tatsache, dass sich die Person auf dieser Stufe bei einer gegebenen Problemstellung nicht zu helfen weiß.

Sie weiß nicht, worum es geht oder was getan werden soll, um ein Problem oder eine Aufgabenstellung zu lösen oder gar analog auf ähnliche Situationen anzuwenden. Sie tut sich schwer, ihre eigenen Defizite zu erkennen und in Folge zu eliminieren. Stattdessen kommt es bei Personen auf dieser Stufe zu einer kognitiven Verzerrung, die sich in der stark ausgeprägten Neigung äußert, das eigene Können zu überschätzen und die Leistung kompetenterer Personen zu unterschätzen.

In der damit befassten Literatur wird diese Verhaltensweise als Dunning-Kruger-Effekt[48] bezeichnet. Die beiden Wissenschaftler haben im Rahmen ihrer Studien herausgefunden, dass unter anderem beim Autofahren Unwissenheit in den meisten Fällen zu wesentlich mehr Selbstvertrauen, das heißt Kompetenzbewusstsein, führt als „Wissen". Ich habe dieses Beispiel unter anderem ausgewählt, weil es gut nachvollziehbar den genannten Sachverhalt abbildet.

Der Schwerpunkt der zweiten Kompetenzstufe namens *Bewusste Inkompetenz* liegt bereits im bewusst-realisierenden Wahrnehmen der eigenen Defizite. Grundsätzlich beginnt hier das Individuum, die Defizite zu erkennen, einzuordnen und mit Hilfe von „Mentoren oder Mentorinnen" zu schwächen, indem es die zur Kompetenz nötigen Fähigkeiten und Fertigkeiten stärkt und verinnerlicht.

Wenn in dieser Phase die externen Hilfestellungen versagen, erkennt eine Person auf dieser Stufe sehr wohl in

---

48 Kruger, Justin/Dunning, David: Unskilled and unaware of it. How difficulties in recognizing one's own incompetence lead to inflated self-assessments. In: Journal of Personality and Social Psychology. 77, Nr. 6.

Teilbereichen ihre Defizite, kümmert sich aber nicht darum und verdrängt sie letztendlich. Es braucht nicht näher darauf eingegangen zu werden, dass hier der pädagogisch-edukative Prozess zu erfolgen hat, geleitet von Eltern, Lehrern und anderen Erziehenden, die diese Stufe bereits erfolgreich beschritten haben.

Ich sage sehr bewusst *beschritten* und nicht *endgültig abgeschlossen*, da definitiver Kompetenzerwerb einen fortlaufenden Prozess im Sinne des kybernetischen Regelkreises darstellt. Dieser ist vergleichbar mit einem Steuerungsprozess von Maschinen, lebenden Organismen und sozialen Organisationen.

In erklärenden Vergleichen wird dazu immer wieder auf die Seefahrerkunst des Steuermanns hingewiesen, der sein Schiff nicht immer stur geradeaus auf Kurs hält, wenn es darum geht, die „Unbill" von Seegang, Witterung und Klippen zu „umschiffen".

Die Kunst solchen Steuerns besteht darin, sich situationsbezogen dem angestrebten Ziel zu nähern und im Extremfall die Navigation wieder von dort zu beginnen, wo das Schiff vom Kurs abgekommen ist. Ein weiteres, gern genanntes Beispiel, um das kybernetische System verständlich zu machen, ist der Heizungsthermostat. Er vergleicht permanent den Ist-Wert der Raumtemperatur mit dem eingestellten Soll-Wert, um die Energiezufuhr so zu regulieren, dass sich der Ist-Wert dem Soll-Wert angleicht. Findet dieser begleitende Prozess (im übertragenen Sinne) beim Kompetenzerwerb nicht statt, geht es wieder in Richtung Kompetenzstufe eins.

Die nötigen externen Interventionen müssen dementsprechend dort ansetzen, wo der oder die zu Begleitende offensichtliche Fehlinterpretationen tätigt, und dies geht natürlich bei Korrekturen im Umfeld des Sachkompetenzerwerbs einfacher als beim Erwerb von Sozialkompetenz.

Auf Stufe drei, der *Bewussten Kompetenz,* hat die Person bereits das nötige Wissen, die Dinge so anzugehen, dass sie das gesteckte oder erforderliche Ziel erreicht. Allerdings erfordert die Umsetzung von Wissen und Können einen relativ hohen Grad von Bewusstheit und Konzentration. Die externe Begleitung (z. B. von Eltern, Lehrkräften) in diesem Stadium beschränkt sich vorwiegend auf Beobachtung (Kontrolle) und Verstärkung (Lob) der erwünschten Fähigkeiten und Fertigkeiten.

Auf Stufe vier, der *Unbewussten Kompetenz,* hat das Individuum so viel praktische Erfahrung, dass die Fähigkeiten ihm, wie es so schön heißt, in Fleisch und Blut übergegangen sind. Sie können nun jederzeit, meistens ohne größeren Konzentrationsaufwand, abgerufen und mit den entsprechenden Fertigkeiten verknüpft werden.

Auf dieser Stufe kommt es jedoch häufig vor, dass Personen ihre Fähigkeiten nicht problemlos „nach unten" weitervermitteln können, wenn seit dem Erlernen ein längerer Zeitraum verstrichen ist. Das hängt damit zusammen, dass diese Fähigkeiten der bewussten inneren Wahrnehmung bereits entzogen sind.

Wir kennen diese Konstellation bei Lehrpersonen, die auf ihrem Gebiet hochbegabt sind. Beispiele sind etwa die universitär hochgebildete Mathematikerin, die anstatt im Forschungsbereich tätig zu werden, in den Schulbetrieb gewechselt ist, oder der kompetente Fachlehrer in der höheren technischen Lehranstalt, der seinen Beruf aus dem Effeff beherrscht. Solche Lehrkräfte haben in der Vermittlung besonders darauf zu achten, sich im Rahmen ihrer Unterrichtstätigkeit immer wieder bewusst auf Kompetenzstufe drei zu begeben.

Ich denke, damit ist eindeutig dargelegt, dass kompetenzorientiertes Lernen naturgemäß kompetenzimmanentes Lehren erfordert. Das heißt, dass der oder die Lehrende sich bewusst in die Bereiche der mittleren und oberen Stufen auf der „Kompetenztreppe" begeben sollte.

Zu alledem kommt noch hinzu, was wir gemeinhin unter dem „Faktor Mensch" subsumieren, also die mögliche inhärente Bandbreite der unterschiedlich ausgeprägten und hierarchisch angelegten Kompetenzebenen zwischen Unfähigkeiten und Fähigkeiten sowie Unfertigkeiten und Fertigkeiten in persönlichkeitsbildenden, an soziale Präferenz gebundenen Lernfeldern.

Daher müssten in der Lehrerfortbildung flankierende Maßnahmen angeboten werden, welche die soziale Kompetenz der Lehrenden stärkt, begleitet von dahin führenden, gut aufbereiteten, schüleradäquaten Lehrplaninhalten.

Das eine wie das andere scheint jedoch in weiter Ferne, da die momentanen Angebote naturgemäß mit den vorhandenen, also althergebrachten Lehr- und Lerninhalten korrelieren müssen, und die wiederum betonen ausschließlich die Sachkompetenz in Deutsch, Englisch und Mathematik und anderer Fächerbereiche und vernachlässigen nach wie vor den erzieherischen Aspekt zur Verbesserung der Sozialkompetenz.

Kompetenzen verknüpfen Wissen und Können zur Handlungsnorm.

Können wiederum umfasst unterschiedliche Fähigkeiten kognitiver, selbstregulativer und sozial-kommunikativer Art und den damit verbundenen Fertigkeiten.

Diese können jedoch nur im Umfeld edukativ angeleiteter und sozial extra ausgewiesener Lernfelder geübt und erworben werden.

Geeignete Anlässe zu Einsicht, Freude und positiv erlebter Selbstverwaltung sowie willensmäßige Aspekte müssen zusätzlich einbezogen werden, da sowohl beim Erwerb als auch bei der Anwendung von sozialer Kompetenz die Motivation, also die Bereitschaft zum empathisch kompetenten Handeln, eine wesentliche Rolle spielt.

Diese uns grundsätzlich innewohnende, die Persönlichkeit bzw. den Charakter stärkende Eigenschaft kann jedoch nur durch Erfolgserlebnisse auf Dauer gefestigt werden. Um dies zu erreichen, müssen gezielt kreative Frei- und Experimentierräume sowie positive Erlebnis- und Leistungsbereiche geschaffen werden.

Der Mensch entwickelt sein persönliches Kompetenzpotenzial grundsätzlich in zwei Teilbereichen – einesteils in der Ausformung von Fähigkeiten und Fertigkeiten und des Weiteren in der Ausformung von Persönlichkeitsmerkmalen; ich bezeichne das Ineinanderwirken dieser Teilbereiche gerne als „Sence[49] of Competence".

∗∗∗

Um einem holistisch ausgerichteten Bildungsanspruch gerecht zu werden, muss das Streben jeglichen kompetenzorientierten Unterrichtsgeschehens darauf ausgerichtet sein, die gesamte Persönlichkeit der jungen Menschen zu erfassen. Wenn Bildungsverantwortliche diesen entscheidenden Aspekt negieren, indem sie die Leitidee kompetenzorientierten Lehrens und Lernens auf rein kognitive fachbezogene Aspekte reduzieren, weil sie sich von Lerntechnokraten und nichtssagenden Statistiken leiten lassen, vernachlässigen sie nicht nur den Bildungsauftrag, sondern handeln wider jede pädagogische Vernunft.

Selbstständiges und selbstverantwortetes Handeln im Sinne von Mündigkeit und Verantwortungsbewusstsein sollten unbestritten als primäre pädagogische Ziele in den Bemühungen der Kompetenzvermittlung gelten.

---

49 Portmanteauwort: sense & science, wobei science in seiner erweiterten Konnotation mit Technik (im Sinne von Fertigkeit) übersetzt wurde.

Im Start gehemmt – eine klärende Rückschau

„Und jedem Anfang wohnt ein Zauber inne.“

Hermann Hesse

Fast bin ich versucht, Hermann Hesse zu zitieren, um eine von persönlichen Erinnerungen begleitete, und daher vorwiegend deskriptive Erörterung von zukunftsorientierter Schulentwicklung aufzuzeigen. Meinen Gedanken voranstellen möchte ich den positiven Umstand, dass ich im Laufe meines Lehrerdaseins immer das Glück hatte, an Schulen zu unterrichten, die im Rahmen von Schulversuchen bei maßgebenden Veränderungsprozessen in der ersten Reihe standen.

Ein erster Umbruch des in der Sekundarstufe I vorherrschenden Schulsystems zeichnete sich in den frühen Achtzigerjahren ab. Der Grundgedanke führte weg vom bis dahin vorherrschenden starren Klassenzugsystem[50], folgte der Struktur von Leistungsgruppen zur Differenzierung und war schon damals von der Idee einer gemeinsamen Mittelstufe getragen[51].

Mit Schulbeginn des Jahres 1991/92 wurde in meiner Heimatstadt die erste AHS eröffnet, die vom Start weg als Versuchsschule geführt wurde und in der Unterstufe das Konzept der NMS (Neue Mittelschule) von Anbeginn verwirklicht hat.

Die Begeisterung und das damit verbundene Engagement waren bei Eltern, Lehrkräften und Schülerschaft außeror-

---

50 Dieses bestand seit dem Jahre 1962 und war in der Sekundarstufe I durch „3 Züge“ repräsentiert: die Unterstufe der AHS (Gymnasium) sowie dem 1. Klassenzug und dem 2. Klassenzug der Hauptschule.

51 Das Differenzierungssystem mit Leistungsgruppen im Hinblick auf die Leistungsfähigkeit von Schülern und Schülerinnen wurde 1983 eingeführt. Die Klassenzüge wurden abgeschafft, eine allgemeine Mittelschule wurde nicht eingerichtet, die Unterstufe der AHS blieb erhalten.

dentlich groß. Es herrschte eine Dynamik, die durchdrungen war von diesem berühmten Anfangszauber. Hinzu kamen die damit verbundenen externen Zuwendungen finanzieller und personeller Ressourcen. Und somit war das jeweilige Unterfangen dementsprechend von Erfolg gekrönt.

Es wurden neue Lehr- und Lernformen entwickelt und evaluiert, Schularbeiten wurden standardisiert, Kolleginnen und Kollegen besuchten in ihren Freistunden den Unterricht anderer Lehrpersonen. Eltern, Schülerinnen und Schüler wurden in Planung und Verwirklichung gehört und einbezogen.

Fachleute aus internen und externen Disziplinen wurden bei Bedarf im Naht- und Schnittstellenbereich zu Schulentwicklung und Qualitätssicherung hinzugezogen. Dabei wurde größtes Augenmerk darauf gelegt, dass die Gewichtung und Umsetzung vor Ort vorzugsweise von den direkt und indirekt Beteiligten, also Schülerinnen, Schüler, Eltern, Direktor, Lehrerinnen und Lehrer, bewerkstelligt wurde.

Das Geheimnis des Erfolges lag bei all diesen Unternehmungen darin begründet, dass alle beteiligten Personen oder Gruppierungen das gleiche Ziel verfolgten, die gemeinsamen Grundsätze befolgten und das, was man unter pädagogischen Ethos subsumiert, im vorgegebenen schulischen Kontext nicht nur akzeptierten, sondern im schulischen Alltag von sich aus gewollt umsetzten.

$$***$$

Wenn Begeisterung das Wesen des Menschen umfängt, wenn Menschen sich entwickeln können, wenn der pädagogische Grundsatz allen Lehrens und Lernens – „Die Sachen zu klären und die Personen zu stärken" – eintritt, dann ist es egal, welche Schulform als Überbau dient, dann liegt Schulqualität begründet in den Köpfen, Herzen und Händen aller Beteiligten im autonom-internen Bereich eines Schulbetriebes.

Wie sonst erklärt sich die Tatsache, dass streng geführte Eliteschulen in ihren Umfragewerten bezüglich Lernerfolg, Schülerzufriedenheit, Wohlbefinden etc. die gleich guten Ergebnisse aufweisen wie Schulen, die mit offenen reformpädagogischen Konzepten arbeiten? Das ist deshalb so, weil bei noch so divergierenden Rahmenbedingungen der zugrunde liegende Maßstab des Erfolges durch Engagement und innerer Überzeugung aller Beteiligten gewährleistet ist.

Damit einhergehend zeigt sich ein weiteres Merkmal, welches ich vorhergehend schon als pädagogisches Ethos bezeichnet habe. In Schulen, wo anstelle von „Gebern und Empfängern" ein lebendiger Organismus vorherrscht, wo sich alle Beteiligten gemäß ihrer Funktion und Verantwortung ernsthaft einbringen können und ernst genommen werden, kommen an Konferenzen, Teamsitzungen und Elternabenden Anliegen und Themen, die die Erziehung und soziale Bildung betreffen, gleichwertig zum Tragen wie leistungsbezogener schulischer Erfolg.

Übrigens: Elternabende heißen eigentlich so, weil die Eltern und ihre Fragen, Impulse und Probleme im Mittelpunkt stehen sollten und nicht die Organisation von Skikursen, Sommersportwochen oder sonstiger fachspezifischer Informations(aus)fluss.

Autonomie am Gängelband

Mir ist natürlich klar, dass bei jeglicher Qualitätsentwicklung an Schulen naturgemäß die zuständigen Trägerschaften eine nicht unwesentliche Rolle spielen, zumal sie zum einen die Ressourcen verwalten, zum anderen doch die Letztverantwortung innehaben.

Wenn sich Schulen zu einem Schulversuchskonzept entschlossen oder daran beteiligt haben, dann gab es hinsichtlich der Ressourcen entsprechende Sonderkontingente, die gezielt einzusetzen und hinsichtlich ihrer Effizienz zu dokumentieren waren.

Dies ist meines Ermessens der Hauptgrund, warum abseits von Versuchsschulen die erprobten Konzepte nicht wunschgemäß aufgehen können.

Ein gutes Beispiel dafür ist das durchgehende Zwei-Lehrerinnen-System, auch bekannt unter der Kurzbezeichnung Teamteaching im Konzept der Neuen Mittelschule, wobei eine Lehrkraft den Pflichtschul-, die andere den AHS -Bereich repräsentiert.[52]

Als im Rahmen der erweiterten Erprobung die finanziellen Mittel knapp wurden, erging es diesem Vorhaben so wie schon weiland der Installation von Integrationsklassen, wo Schülerinnen und Schüler mit sonderpädagogischem Förderbedarf nicht mehr durchgehend von zwei Lehrkräften[53] betreut werden konnten, weil die nötigen Gelder nicht mehr zur Verfügung standen.

In beiden Fällen ist vom lerntechnischen und vor allem vom erzieherischen Standpunkt nicht nachvollziehbar, warum im Fach X eine Betreuung im „Doppelpack" erforderlich scheint und im Fach Y nicht, zumal die zu begleitenden Schülerinnen und Schüler vermehrt auch in ihrem Sozialverhalten Defizite aufwiesen und gerade in diesen Fällen eine fürsorglich edukative Betreuung benötigten.

---

52 Der Vorteil dieses Konzepts liegt vor allem darin, dass durch ein Zusammenführen vielfältiger Kompetenzbereiche durch die verschiedenen Ausbildungsschwerpunkte der Lehrkräfte an Pädagogischer Hochschule und Universität ein breit gefächertes Angebot für Schülerinnen und Schüler durch eine flexible pädagogisch-didaktische und fachbezogen-theoretische innere Differenzierung („Setting") gewährleistet ist.

53 Gedacht war vorerst an eine klassenführende Lehrkraft, der auch die organisatorischen Aufgaben obliegen, und eine Lehrkraft mit Sonderschul- oder zusätzlicher Begleitlehrerausbildung.

Schule kann natürlich nicht alle gesellschaftlichen Fehlentwicklungen berichtigen, das ist schon klar. Aber sie hat neben dem Bildungs- einen gleichwertigen Erziehungsauftrag, und es sollte den Verantwortlichen der Trägerschaft ein primäres Anliegen sein, diesen im vollen Umfang zu gewährleisten.

In der Praxis sieht dies leider anders aus. Dass dadurch der im Schulorganisationsgesetz vorgeschriebene Erziehungsauftrag sträflich vernachlässigt wird, sei nur der Vollständigkeit halber erwähnt. Letzten Meldungen zufolge wird es, zumindest was die österreichische Budgetgebarung betrifft, weitere Einsparungen in diese Richtung geben. Wer dann noch von einer erfolgreichen oder vollwertigen Einführung der Neuen Mittelschule zu sprechen wagt, macht sich der bewussten Irreführung schuldig, da die damit verbundenen typenbildenden Erfordernisse nur äußerst rudimentär umgesetzt wurden und werden.

Auch würde es zu weit führen, die Problematik der Immigration im Sinne einer gelingenden schulischen Integration ausführlich zu behandeln. Jedoch sei festgehalten, dass ein nicht unwesentlicher Anteil der Schülerinnen und Schüler mit Migrationshintergrund einen ähnlichen edukativen Bedarf aufweist und es unerlässlich scheint, finanzielle und personelle Mittel aufzustocken, um sprachliche Defizite im Vorfeld vom schulischen Regelunterricht zu beheben und kulturelle Unterschiede in die schulbezogene Erziehung dort verstärkt einzubeziehen, wo westlich-demokratische Grundsätze und Werte gefährdet sind.

So paradox es klingen mag: Wer mehr Chancengleichheit will, muss Schulen ungleich stützen und fördern.

Das Gießkannenproblem

Ein grundlegendes Übel bei der Qualitätsentwicklung und der damit verbundenen Finanzierung von sogenannten Non-Profit-Bereichen stellt die Praxis des Gießkannenprinzips[54] dar. Der vordergründige Nutzen dieses Systems sollte nicht über die Nachteile hinwegtäuschen. Von Vorteil ist unbestritten die Tatsache, dass die Subventionsvergabe relativ problemlos umgesetzt werden kann und der bürokratische Aufwand bei der Vergabe, Begleitung und Umsetzung von Projekten minimiert wird.

Zudem wird das Gerechtigkeitsgefühl wider die Neidgesellschaft hochgehalten, da eine einseitige Begünstigung nahezu ausgeschlossen scheint.

Bei all diesen positiv anmutenden Betrachtungsweisen darf nicht übersehen werden, dass dieses System zahlreiche Nachteile für den „Endverbraucher" beinhaltet.

Eine allseits bekannte Folgeerscheinung der Vergabe besteht darin, dass der eigentlich beabsichtigte Subventionszweck im Einzelfall kaum zum Tragen kommt, weil die Mittel, die letzten Endes beim Empfänger ankommen, nicht ausreichen, da einfach zu viele Empfänger für einen immer stärker begrenzten „Fördertopf" vorhanden sind, um umfassende Änderungen zu ermöglichen bzw. voranzutreiben. Dies hängt damit zusammen, dass in erster Linie die Höhe der Gesamtsumme der genehmigten Subventionen ausschlaggebend ist und die Reihenfolge der Bedarfsanmeldung oder eine individuelle Dringlichkeit genauso wenig von Bedeutung ist wie die Einstellung des Adressaten zu Projekt und Zielvorgabe.

---

54 Unter Gießkannenprinzip ist ein Subventionsvergabesystem zu verstehen, welches (vorwiegend) finanzielle Zuwendungen nach dem Gleichheitsprinzip über die gesamte Zielgruppe verteilt, wobei Gleiches nicht ungleich behandelt werden darf.

Es ist also vollkommen „gleich gültig", ob sich der oder die Empfänger über die Zuwendung freuen, ob sie die damit verbundenen Erfordernisse gerne erfüllen, weil es sich um ihr Anliegen handelt, oder darin nur eine Mehrbelastung sehen und das damit verbundene Engagement auf das mögliche Minimum heruntersetzen, wobei ich auch diesen die Freude über die Subvention an sich nicht absprechen möchte.

Hier kommen mir wieder jene zwei Kollegen – können auch Kolleginnen sein – in den Sinn, die es an der Schule XY gibt. Sie haben annähernd die gleichen Dienstjahre, den gleichen Beschäftigungsstatus und sind sich auch äußerlich nicht unähnlich. Der eine geht jahraus, jahrein mit denselben vergilbten Zetteln in die Klasse, liest aus immer denselben alten Skripten und Büchern vor – und das seit über zwanzig Jahren.

Der andere ist engagiert, sucht jedes Mal interessante Zugänge zur Thematik in Form von Materialien und schülergerechten Arbeitsblättern und arbeitet zusätzlich an außerschulisch gelagerten Aufgabenstellungen, wie zum Beispiel neuen Lehrplänen und Lernbehelfen.

Am ersten des jeweiligen Monats hat der eine wie der andere die gleiche Summe an Gehalt auf seinem Konto.

Solange Schulsysteme und die darin tätigen Personen durch ein falsch verstandenes Gleichheitsprinzip nach unten nivelliert werden, ist mir ein Bildungssystem jenseits des Mittelmaßes allemal lieber.

***

Ohne den thematischen Rahmen sprengen zu wollen, möchte ich demonstrieren, wie sich gesetzliche Rahmenbedingungen das „Gleichheitsprinzip" betreffend niederschlagen können und in der Umsetzung vor Ort zur Ungleichbehandlung führen und qualitative Bemühungen behindern. Man stelle sich dazu folgendes Szenario vor:

Eine mittelgroße Stadt in einem österreichischen Bundesland. Hier befinden sich zwei Schulen, die die Sekundarstufe I, also das vorhandene Schüler- und Schülerinnenpotenzial der Zehn- bis Vierzehnjährigen, abdecken sollten.

Schule A ist eine Hauptschule oder, wer lieber möchte, eine Neue Mittelschule mit acht vorhandenen Klassen – schülermäßig absolut ausgelastet, weil sehr innovativ, mit neuen Lernformen und einem breiten Leistungs- und Betreuungsangebot sowie einem sehr engagierten Lehrkörper und einer dementsprechenden Direktorin.

Schule B führt in jeder Schulstufe eine Klasse und die noch unterbesetzt. Das Angebot dieser Schule erschöpft sich in den Mindestanforderungen. Die Anmeldungen für die Schule A nehmen exorbitant zu, die für Schule B stagnieren. Die Direktorin der Schule A sucht um Eröffnung weiterer Klassen an, um den Schülerstrom zu bewältigen. Dieses Ansuchen wird abgelehnt, da nach der Regelung bei „Schulen gleicher Erreichbarkeit [...] für die Festlegung der Klassenzahl jeweils die Gesamtzahl der vorhandenen Schülerinnen und Schüler maßgebend ist".

Auf unser Beispiel bezogen bedeutet dies, dass zuerst die Klassen von Schule B aufgefüllt werden müssen und erst dann die Schule A zum Zug kommt. Meist führt dies dann dazu, dass Eltern von ihrem Recht Gebrauch machen, ihr Kind im nächstgelegenen Gymnasium oder in einer Privatschule anzumelden.

Ähnlich verhält es sich mit der seit ca. zehn Jahren geltenden Schulsprengelverordnung. Wollen Eltern ihr Kind in einem fremden Schulsprengel zum Schulbesuch anmelden, je nach Grenzziehung kann das auch den Nachbarort betreffen, ist dies mit Hürden in Form von Genehmigungen und Kosten verbunden, da sich die Wohnortgemeinden in der Regel dagegen wehren, ihre Beiträge an die jeweilige Schulbesuchsgemeinde zu überweisen, und stattdessen die Eltern zur Kasse bitten. So kommt es oft vor, dass Schülerinnen und Schülern mit besonderen Begabungen – etwa im musischen, technischen oder sportlichen Bereich – der Eintritt in eine entsprechende Schwerpunktschule verweigert wird.

Diese absolut unverständliche Ungereimtheit fußt auf die Ungleichbehandlung des Schultyps innerhalb der Sekundarstufe I.

Während im HS- bzw. NMS-Bereich der Schulsprengelbezug eingefordert wird, gibt es diesen im AHS-Bereich überhaupt nicht.

Eines ist abschließend klar und deutlich festzuhalten: Die Entscheidung für oder gegen eine Schule muss die bestmöglichen Voraussetzungen für unsere Kinder beinhalten und darf nicht durch bürokratische Hürden behindert oder gar verwehrt werden. Sie muss begründet sein in Qualität und Engagement einer Schule und den darin wirkenden Pädagoginnen und Pädagogen und nicht in einem obsoleten, kleinlichen Hin-und-her-Rechnen zwischen den Gemeinden.

Derartige Ungerechtigkeiten wider das Gleichbehandlungsprinzip könnten leicht durch die zuständige Bundesbehörde oder die Länder, in Analogie zum höheren Schulwesen, beseitigt werden.

Gut gemeinte Ansätze

In den frühen Neunzigerjahren kam im Zuge der Entwicklung genereller Qualitätsstandards in diversen Non-Profit-Unternehmen die Idee auf, auch Schulen zu evaluieren. Da man noch nicht genau wusste, wie genau das für den schulischen Betrieb aussehen sollte, nahm man Anleihen aus der

Wirtschaft und versuchte, die dort gültigen Parameter auf das schulische System zu übertragen.

Dem allgemeinen Trend folgend ging man daran, sogenannte Experten von außen zu beauftragen, das viel zitierte Qualitätsmanagement[55] an den einzelnen Schulstandorten zu implementieren.

Die schulautonomen Tage wurden zusätzlich als flankierende Maßnahme eingezogen, um zeitliche Freiräume für solcherart schulbezogene Anlässe zu schaffen.[56]

Die Experten selbst rekrutierten sich vorwiegend aus Professoren und Lehrbeauftragten der verschiedenen pädagogischen Ausbildungsstätten.

Der Idee selbst ist ja einiges abzugewinnen, doch die Umsetzung hatte ihre Tücken. Da gab es vorerst vielerorts den sogenannten „Banging on the chook shed wall"-Effekt.

Wenn man kräftig an die Mauer des Hühnerstalls klopft, beginnen die Hühner von heftigem Gegackere begleitet, wild hin und her zu flattern, um dann, wenn sich die Aufregung gelegt hat, wieder dort Platz zu nehmen, wo sie vorher gesessen sind.

Der sich darin spiegelnde Prozessablauf stellte sich in der Schule wie folgt dar:

---

55 Darunter sind organisatorische Maßnahmen zu verstehen, die der Verbesserung der Prozessqualität, der Leistungen und damit den Produkten jeglicher Art dienen. Der Leistungsbegriff umfasst dabei generell die Dienstleistungen, geht aber über den üblichen Begriff insofern hinaus, als er allem voran die innerorganisatorischen Leistungen betrifft.

56 Die Idee, die dahinter stand, war, die nötigen Zeiträume für Schulentwicklung und Lehrerfortbildung als unterrichtsfrei deklarierte Arbeitstage abzudecken. In der entsprechenden Verordnung befindet sich jedoch auch der Passus „Öffentliches Leben", der die Freigabe eines Schultages zwischen unterrichtsfreien Tagen durch den Schulgemeinschaftsausschuss oder das Schulforum ermöglicht. In der alltäglichen Praxis hat sich diese „Zweitmöglichkeit" zur Bildung von verlängerten Wochenenden oder Kurzferien außerhalb der Vorgaben durch Ministerium oder Landesschulrat eingeschliffen.

Viele Lehrerinnen und Lehrer waren begeistert von der Möglichkeit, endlich ihren Gestaltungswillen unter Beweis stellen zu können oder, besser gesagt, ihre Ideen und pädagogischen Ziele mit extern eingeleiteter professioneller Begleitung verwirklichen zu können.

Die Problematik zeigte sich jedoch in der Umsetzung, da die Begriffe *extern* und *eingeleitet* den Schwerpunkt bildeten und die Begleitung eher nachrangige Bedeutung erlangte, da die Lehrerschaft nach einigen sehr theoretisch durchgeführten SchiLfs (Abkürzung für schulinterne Lehrerfortbildung) mit ihren Umsetzungsbestrebungen alleingelassen und ihre spezifischen Anliegen zugunsten genereller Vorgaben wie Schulprofil, Leitbild und Schulprogramm hintangestellt wurden. Dazu für alle Leser und Leserinnen, die beruflich nicht mit bildungsinternen Angelegenheiten befasst sind, ein kleiner Exkurs zum besseren Verständnis:

In einem *Leitbild* werden grundlegende Werthaltungen der Schule, ihre „Philosophie", festgehalten. Es handelt sich um kurze, einprägsame Formulierungen, die der Öffentlichkeit einen ersten Eindruck von den zentralen Zielvorstellungen und Prinzipien vermitteln sollen, an denen sich die schulische Arbeit und das Zusammenleben in der Schule orientieren.

Der wichtigste Inhalt des *Schulprofils* sind die fachlichen und überfachlichen Angebote, die von der Schule bereitgestellt werden. Besondere Beachtung verdienen dabei Besonderheiten der Schule, z. B. spezielle Dienstleistungen und Unterrichtsangebote, die sie von anderen Schulen unterscheiden.

Schulprogramme sind die Antwort auf die wachsende Nachfrage in der Gesellschaft nach kontinuierlicher Entwicklung und Evaluation in fünf großen Bereichen: Unterricht, Schulklima, Schulmanagement, Außenbeziehungen und Personalentwicklung[57].

---

[57] Aus: Posch, P.: 2003. Das Schulprogramm: Begründung, Konzept, Erfahrung. © GIVE – Servicestelle für Gesundheitsbildung, 2006.

Ein vom Katholischen Landeslehrerverein Steiermark verfasster Rundbrief aus dem Jahre 2002 spiegelt die damalige Befindlichkeit recht gut wider. Dass dieses Schreiben parodistisch stark überzeichnet wurde, belegt einmal mehr das Motto: Humor ist, wenn man trotzdem lacht.

In der letzten Lehrerkonferenz hat unsere Frau Direktorin gesagt, dass wir unsere Schule entwickeln sollen. Was genau, hat sie nicht gesagt, da sind wir bis heute immer noch alle darauf gespannt. Aber sie hat gesagt, dass die Frau Ministerin sich ganz arg wünscht, dass wir etwas entwickeln sollen. Und sie hat gesagt, demnächst kommt ein externer Berater, der uns dann sagen wird, wie das Entwickeln geht. Als der externe Mensch dann da war, hat er uns aber gar nichts gesagt. Er hat uns nur Kärtchen gegeben, auf die wir aufschreiben mussten, was uns stinkt und was wir uns wünschen.

Ich hab geschrieben, dass ich mich hauptsächlich über den Max ärgere, weil er mir schon zum fünften Mal keine Hausaufgaben gemacht hat, und wünschen tät ich mir halt, dass unsere Kinder ein bisschen gescheiter wären.

Der Externe hat dann auf dem Fußboden im Lehrerzimmer so einen Fleckerlteppich mit den Kärtchen gemacht und hat genickt und „hm hm" und „so so" gesagt. Dann hat er gefragt, was wir am dringendsten entwickeln möchten. Weil niemand etwas wusste, hab ich gesagt: „Na ja, Herr Berater, die Kinder, wenn wir halt entwickeln könnten." Und die Frau Zirbel hat gemeint, es wäre schön, wenn wir das viele Zeug, was im Lehrplan steht, ein bisschen

*zurückentwickeln könnten. Der Externe hat geschmerzt
dreingeschaut. Er hat gesagt, wir denken in die falsche
Richtung. Schulentwicklung hat nichts mit den Kindern
zu tun, sondern wir sollten uns überlegen, ob wir mehr
Bilder in den Korridor hängen möchten oder den
Pausenhof bemalen. Uns hatte der Pausenhof bis dahin
eigentlich recht gut gefallen, aber weil der Mann das so
nett gesagt hat, haben wir uns entschlossen, den
Pausenhof zu entwickeln. Da haben wir darüber
abgestimmt, und dann war der erste
Schulentwicklungstag zu Ende ...* [58]

Diese humorvolle Replik auf eine fast schon vergessene Periode des schulischen Alltagsgeschehens zeigt jedoch einmal mehr, dass die Vorgaben in Form von Leitbild, Schulprofil und Schulprogramm von einer holistisch ausgerichteten Herangehensweise an Bildung genauso weit entfernt waren wie gegenwärtig *Bildungsstandards* und *Kompetenzorientierter Unterricht.*

Ein erster Schritt oder
was vom Tage übrig blieb

Allerdings gab es mit der Einführung des Lehrplans 2000 einen Schritt in die richtige Richtung.

Da gab es die Möglichkeit, schulspezifische Freiräume zu definieren, indem die Stundentafel verändert werden konnte. Darin wurden für die Sekundarstufe I Bildungsbereiche geschaffen, die ein wesentlich breiteres Verständnis der enthaltenen Fächer erlaubten.

---

58 Vgl. Steirisches Lehrerblatt. 3-2001/02 vom 1. Juli 2002.
    Aus: KEG-Deutschland.

Damit wurde eindeutig festgehalten, dass Bildung mehr als die Summe des Wissens umfasst, das in den einzelnen Unterrichtsgegenständen erworben werden kann. Die Einordnung fachspezifischer Beiträge erfolgte in die fünf Bildungsbereiche *Sprache und Kommunikation, Mensch und Gesellschaft, Natur und Technik, Kreativität und Gestaltung, Gesundheit und Bewegung.* Diese sind als Benennung wichtiger Segmente im Bildungsprozess zu verstehen und bilden ebenso wie die *religiös-ethisch-philosophische Bildungsdimension* eine Grundlage für die fächerverbindende und fächerübergreifende Zusammenarbeit. Sie bilden gleichsam den Bezugsrahmen für die Einordnung jener Beiträge, die die einzelnen Unterrichtsgegenstände für den gesamten schulischen Bildungsprozess zu leisten haben.

Anhand des Bildungsbereiches Sprache und Kommunikation möchte ich die damit verbundenen edukativen Ansprüche exemplarisch aufzeigen.

Ausdrucks-, Denk-, Kommunikations- und Handlungsfähigkeit sind in hohem Maße von der Sprachkompetenz abhängig. In jedem Unterrichtsgegenstand sind die Schülerinnen und Schüler mit und über Sprache – z. B. auch in Form von Bildsprache – zu befähigen, ihre kognitiven, emotionalen, sozialen und kreativen Kapazitäten zu nutzen und zu erweitern.

Die Auseinandersetzung mit unterschiedlichen Sozialisationsbedingungen ermöglicht die Einsicht, dass Weltsicht und Denkstrukturen in besonderer Weise sprachlich und kulturell geprägt sind – soweit die Theorie.

Wer jedoch mit seinen Kindern jemals für eine Schularbeit in Deutsch, Latein oder einer lebenden Fremdsprache gepaukt hat, weiß, wie weit ein noch immer konventionell gehaltener und rein auf *ein* Fach bezogener Sprachunterricht von diesen hehren Zielen entfernt ist.

∗∗∗

Eine erwiesenermaßen erfolgreiche Maßnahme in Richtung Progress stellte der durch den Lehrplan 2000[59] forcierte Projektunterricht dar. Mit ihm wird zumindest teilweise dem Anspruch einer ganzheitlich orientierten Wissensvermittlung nachgekommen, zumal er stark persönlichkeitsbildende Komponenten beinhaltet, die im frontal gestalteten Unterrichtsgeschehen kaum zum Tragen kommen oder schlimmstenfalls gar unterlaufen.

Was ich damit meine, wird klar ersichtlich, wenn man sich diese Merkmale bzw. Zielstellungen des Projektunterrichts genauer ansieht. Diese sind unter anderem: Orientierung an den Interessen der Beteiligten, wobei die Lehrplanerfordernisse auf das Thema abgestimmt werden und nicht umgekehrt. Die Zielsetzung sowie Art und Methode des Lernens werden gemeinsam festgelegt, somit werden Selbstorganisation und Selbstverantwortung gefördert und letztendlich gelernt.

Da im Projektunterricht zur Bearbeitung der ausgewählten Themenstellung die entsprechenden Fachdisziplinen herangezogen werden, werden Zusammenhänge im Sinne der Interdisziplinarität wesentlich komplexer begriffen.

Soziale und sachliche Ziele stehen gleichberechtigt nebeneinander, da durch das gemeinsame Arbeiten an einem Thema die Notwendigkeit gelingender Kommunikationsformen besteht. Interaktion, Kommunikation, Kooperation und Koordination innerhalb und zwischen den Gruppen sind zentrale Anforderungen, die nicht nur gelernt, sondern vor Ort geübt respektive gelebt werden müssen. Umgang mit Kritik und Kontrolle erfordern gezielte Konfliktlösungsstrategien und werden dadurch zu sozialen persönlichkeitsbildenden Lernfeldern. [60]

---

59 Vgl. Lehrplan der Sekundarstufe I. Allgemeines Bildungsziel.
60 Vgl. dazu: Grundsatzerlass zum Projektunterricht. BMUK, Wien 1992.

Dass die sogenannten Projekttage auf das Unterrichtsjahr verteilt eher die Ausnahme denn die Regel sind, wirkt sich natürlich zusätzlich negativ auf das Zustandsbild von Unterricht und Bildung aus.

***

Und daher lernen unsere Kinder noch immer nicht für das „Leben", sondern werden an zukünftigen Erfordernissen – zumindest teilweise – vorbeigebildet.

Dies betrifft zum einen jene Anforderungen, die grundlegende, im alltäglichen Umgang selbstverständliche Kompetenzen verlangen, wie eigenständiges schlussfolgerndes Denken. Da haben Maturanten zwar gelernt, wie schnell eine Kugel im luftleeren Raum ein Gefälle von 17 Prozent bewältigt, können auch die Nebenflüsse des Amazonas benennen, aber schaffen es nicht, vorher nicht gelernte Herausforderungen ad hoc zu bewältigen.

Es geht in den Unterrichtseinheiten doch sehr oft um die Einübung von auswendig zu lernendem Wissen, das in Detailkenntnissen gipfelt, welche möglichst ident wiedergegeben werden müssen und die in späteren Studien-, Berufs-, und Lebensfeldern kaum benötigt und daher auch nach kurzer Zeit vergessen werden.

Wie sonst könnte man sich folgende Pressemitteilung[61] erklären:

> *Einige österreichische Universitäten verzichten seit Herbst 2013 auf Zahlscheininskriptionen. Stattdessen müssen die Studienbeiträge online überwiesen werden. Anstelle der erforderlichen persönlichen Kundendaten haben in jenem Herbst 42 Studierende die in der*

---

61 Vgl. Pressemeldung Kleine Zeitung Graz, August 2013.

*Bedienungsanleitung vorgedruckten Nummern des
Herrn Mustermann Max Friedrich verwendet.*

Man kann sich das in Zeiten wie diesen natürlich als Daten-
selbstschutzmaßnahme schönreden, und es bleibt der geneig-
ten Leserin bzw. dem Leser überlassen, dies zu glauben. Der
Vorfall könnte jedoch auch in einer mangelhaften Grund-
ausstattung der angehenden Akademiker mit Hausverstand
begründet sein.[62]

Fehlgeleitete Erziehungsmittel

In den gängigen Bildungsprogrammen fehlt es auch signifikant an klar ausgewiesenen Vorgaben, die der Vermittlung von
Tugenden dienlich wären, wie z. B. Selbstbeherrschung, Lau-
terkeit und ähnlich geartete Charakterstärken oder zumindest
ein Mindestmaß an Benehmen. Ich weiß, dass es genug Lehrkräfte gibt, die bemüht sind, die Vermittlung der genannten
Tugenden, so gut es eben geht, in das Unterrichtsgeschehen
einfließen zu lassen oder auch im Rahmen außerschulischer
Aktivitäten erzieherisch wertvolle Maßstäbe zu setzen. Dass
diese Bemühungen oft von nur mäßigem Erfolg gekrönt
sind, hängt letztlich auch mit der Tatsache zusammen, dass
es kaum Sanktionsmöglichkeiten für Fehlverhalten gibt oder,
wenn doch, diese komplett ins Leere gehen.

Lassen Sie mich dafür zwei Beispiele anführen. Im ersten geht
es darum, dass ein fünfzehnjähriger Schüler im Rahmen einer
Auseinandersetzung einen Mitschüler derart verletzt hatte,
dass er vorerst aus Sicherheitsgründen für eine Woche vom
Unterricht suspendiert wurde. Als er dem Unterricht wieder

---

62 Vgl. Höfler, K.: Kleine Zeitung Graz, August 2013

beiwohnen durfte, zeigte er seinen erstaunten Mitschülern und einigen Lehrpersonen freudig Fotos von einem Kurzurlaub in Italien, den er mit seiner Mutter in dieser Woche verbracht hatte.

Das zweite Beispiel ereignete sich am Tag der mündlichen Reifeprüfung an einem österreichischen Oberstufengymnasium. Da waren einige Maturanten einer Klasse derart betrunken, dass trotz Einschreitens des Schulleiters Vandalenakte verübt wurden, die den Rahmen des Erträglichen bei Weitem sprengten. Ein Maturant stellte sich auf den PKW des Schulleiters und urinierte auf das Auto, wobei ihn ein anderer mit dem Handy filmte. Schulsessel wurden durch die Gegend geschleudert und Lernunterlagen zerrissen und auf den Boden geworfen. Die Fassade des Schulhauses wurde grob verschmutzt und Lehrpersonal und Hausmitarbeiter wurden beschimpft und bedroht.

Nach Absprache mit dem Landesschulinspektor habe man entschieden, den Schülern dieser Klasse das Maturazeugnis auf dem Postweg zukommen zu lassen und auf eine Maturafeier zu verzichten, so die Vertreterin der Schule.[63]

Nun mögen die Gelehrten aller damit befassten Berufsgruppen über das Warum diskutieren und die Besserwisser der verschiedenen Lager sich streiten, und man wird möglicherweise auch zu Recht Begründungen finden, die nicht nur diesen Schülern anzulasten sind. Jedoch muss eines dabei klar gesehen werden: Für die Art und Weise des Protests gibt es keine Entschuldigung und die Maßnahme, diesen Schülern quasi als Sanktion die Zeugnisse zuzuschicken und auf eine Maturafeier zu verzichten, wird bei vielen nur ein müdes Lächeln hervorgerufen haben.

---

63 Kleine Zeitung, Juli 2010.

Die Frage muss eher in die Richtung gehen, ob man solchen Maturanten und Maturantinnen die mit der Matura einhergehende erforderliche Reife überhaupt grundsätzlich bescheinigen kann. Sind sie doch großteils die spätere Elite unseres Volkes, von der viele höchstwahrscheinlich einmal in führenden Positionen sein werden. Solche Eskapaden kann man auch nicht leichtfertig als „Dummejungenstreiche" abtun, da es sich dabei doch um ein äußerst aggressiv-despektierliches Verhalten mit kriminellem Einschlag (zumindest im Bereich der Sachbeschädigung) handelt, dem klar Einhalt geboten werden muss.

All das sind Vorfälle, die kurz in Zeitungsmeldungen „aufblitzen", die aber dann sehr schnell wieder verschwinden und in Vergessenheit geraten, in der Hoffnung, dass sie sich nicht wiederholen, denn dann müsste man wohl von zuständiger Seite (in dem Fall wohl die gesetzgebende Schulbehörde) klare und vielleicht auch unpopuläre Schritte setzen. Unpopulär insofern, als dass dann der schon bekannte Aufschrei jener folgt, die hier sofort einen Angriff auf die demokratischen Grundrechte orten. Die anderen wiederum versuchen, solche und ähnliche Vorfälle zu verniedlichen und klein zu halten – aus welchen persönlichen Motiven auch immer. Ich möchte hier an den geballten unreflektierten Widerstand erinnern, der sich regte, als von einigen Bildungsverantwortlichen überlegt wurde, die Familienbeihilfe zu unterbrechen, wenn Schüler oder Schülerinnen der Schulpflicht nicht nachkommen bzw. die Erziehungsberechtigten ihren Nachwuchs nicht dazu anhalten. Daher halte ich z. B. auch den Entzug des Freifahrtscheines für ein Semester für ein wirksames Signal, um bei Randalieren oder extrem ungebührlichem Verhalten in öffentlichen Verkehrsmitteln der Vorstellung „Was nichts kostet, ist nichts wert" entgegenzuwirken.

Ich kann natürlich der Argumentation folgen, dass Sanktionen finanzieller Art meist Familien oder Erziehungsberechtigte treffen, die ohnehin nicht begütert sind und durch Streichung oder Aussetzung der Familienbeihilfe noch mehr in finanzielle Not geraten.

Aber wie soll sich dieser Zustand der Geringschätzung je ändern, wenn das notwendende Gut, das eine funktionierende Gesellschaft anzubieten hat, nämlich die frei zugängliche Bildung, gerade diese Empfänger nicht erreicht?

Es ist ja wirklich absurd: Wenn eine Person, egal ob Empfänger der Mindestsicherung oder nicht, ein Parkplatzvergehen begeht, wird er oder sie zu verhältnismäßig hohen Geldbußen verurteilt oder im Extremfall sogar mit Gefängnis bestraft, um einem Wiederholungsfall entgegenzuwirken. Wenn es um so etwas Grundlegendes wie die Verbesserung der Zukunftschancen unserer Nachkommen geht, gibt es zwar seit Kurzem eine Erhöhung der Strafzahlung von (bis zu) 440 Euro, die jedoch im Anlassfall wieder die finanzielle Situation berücksichtigt. Dies erinnert wohl zwangsläufig an das Sprichwort von der Katze, die sich in den eigenen Schwanz beißt, zumal die bisherige Strafzahlung von 220 Euro bis dato nur zu zwei Prozent ausgeschöpft werden konnte.[64]

Das Schulschwänzen ist oft genug der Anfang vom Ende, da es in sehr vielen Fällen einen vorzeitigen Schulabbruch nach sich zieht. Dass die bisher eingesetzten flankierenden Maßnahmen wohl nur marginal ihr Ziel erreicht haben, belegt die in der Einleitung[65] bereits erwähnte Statistik jener 75.000 Jugendlichen, die weder einen Schulabschluss noch einen Lehrabschluss vorweisen können.

---

64 Der Standard, 21. Februar 2012.
65 Vgl. Fußnote 3.

Es würde zu kurz greifen, wollte man nur den Bildungsverantwortlichen, also Pädagoginnen, Sozialarbeitern, Schulpsychologen, Vertrauenslehrern usw., den Schwarzen Peter zuschieben. Es liegt wohl auch in der Verantwortung der Erziehungsberechtigten und sollte im ureigenen Interesse des oder der Betroffenen liegen, das Angebot von Bildung ernst und anzunehmen.

Ich meine damit den ersten Schritt in die Eigenverantwortlichkeit verbunden mit der Anstrengung abseits von Lethargie und Vollkaskomentalität, die ein Fünfzehnjähriger auf die Frage seines Lehrers, was er denn nach der Schule weitermachen wolle, wie folgt zum Ausdruck brachte: „Weiß nicht, ein bissel was bekomm ich auch ohne Arbeit, und für eine Cola und einen Döner reicht es allemal!"

Wenn wir darauf verzichten, unseren Kindern und Jugendlichen Grundtugenden wie Pflichtgefühl und Gehorsam nahezubringen, wird das ureigene Recht und die Chance auf zukunftssichere Teilhabe an den gesellschaftlichen Errungenschaften massiv beeinträchtigt und im schlimmsten Fall für immer vertan.

Pflichtgefühl und Gehorsam, welch antiquiert anmutende Begriffe und zugleich welch unverzichtbare menschliche Eigenschaften. Ich weiß aus Erfahrung mit meinen Studierenden, dass der letztgenannte Begriff in Vorlesungen oder Seminaren immer wieder auf hörbaren Widerstand gestoßen ist. Vor allem der Gehorsam wird sofort mit Strafe und Einengung in Verbindung gebracht, und die Studierenden erinnerten mich sofort an die vorangegangene Vorlesung, in der ich die Wirkweise sogenannter positiver Verstärker vorgetragen hatte, also den Effekt, erwünschtes Verhalten durch Lob hervorzuheben und damit zu verstärken und negatives Verhalten zu ignorieren in der Hoffnung, dass es von selbst verschwindet. Dies funktioniert leider nicht lückenlos, zumal es auch passieren kann, dass ich zwar das Fehlverhalten eines Schülers im Klassenverband ignoriere, jedoch die anderen Schüler durch direkte oder indirekte Meinungskundgebung einen verstärkenden Akzent setzen.

Wir wissen spätestens seit der Kritik von Kurt Guss am Behaviorismus[66] und den daran geknüpften Lernmodellen, dass die ausschließliche Anwendung von sogenannten positiven Verstärkern bei erwünschtem Verhalten oder das „Nicht-Wahrnehmen" von negativen Verhaltensmustern zu keiner andauernden Verhaltensänderung führt. Irgendwie widerspricht es auch jeglichem logischen Empfinden, wenn ich positives Verhalten belohne, jedoch glaube, negatives Verhalten durch Nichtbeachtung abstellen zu können. Vielmehr wird es als Billigung wahrgenommen, wenn eine adäquate Sanktion ausbleibt.

Wir tun daher den Kindern keinen Gefallen, wenn wir sie im Meer der Beliebigkeit schwimmen lassen.

Das bedeutet, klare Grenzen zu setzen und bei Nichteinhaltung klare, dem Fehlverhalten zugrunde liegende Sanktionen folgen zu lassen.

Und zur Klarstellung: Ich spreche hier nicht von Erziehungsmittel wie sie zu Zeiten eines „Schüler Gerbers" angewandt wurden. Ich postuliere keine kränkenden, herabwürdigenden oder nicht dem Anlass entsprechenden Sanktionen. Ich stelle eher die Frage, was denn am „Nachsitzen" so falsch ist, wenn man in Form eines Aufsatzes und/oder eines Gesprächs mit einer Lehrkraft sein Fehlverhalten außerhalb der vorgegebenen Unterrichtszeit reflektieren muss. Was bitte ist

---

66 Die Grundkonzeption dieser in Nordamerika entstandenen naturwissenschaftlich orientierten psychologischen Strömung mit recht verschiedenen Schattierungen von J. B. Watson bis zu den Neo-Behavioristen, deren wohl bekanntester Vertreter B. F. Skinner ist, ist mit dem Forschungsziel verbunden, Gesetze zu erarbeiten, die bei gegebenem Reiz die Reaktion vorhersagen lassen.

daran diskriminierend, einen absichtlich verursachten Schaden oder eine Verschmutzung durch persönlichen Einsatz
wiedergutzumachen bzw. in Ordnung bringen zu lassen.

Wie sollen die in diesem System agierenden Pädagoginnen
und Pädagogen den ihnen anheimgegebenen Erziehungsauftrag erfüllen, wenn externe Klammerfunktionen im Rahmen
der Gesetzgebung versagen? Ich verweise hier wieder auf
das Jugendschutzgesetz sowie auf fehlende gesetzliche Rahmenbedingungen, die dem schulischen Erziehungsauftrag
gerecht werden, und einen damit verbundenen adäquaten
Maßnahmenkatalog.

Was ist denn bitte der Grund, dass es keine Fleiß- oder
Verhaltensnoten am Ende der Schullaufbahn geben soll, die
Benehmen und Engagement abbilden? Der Lehrherr (den ich
in Ermangelung eines klügeren Wortes so nenne) erkennt ohnehin nach kurzer Zeit, wenn der Lehrling laufend zu spät
kommt, seine Aufgaben nicht erfüllt oder ein Benehmen an
den Tag legt, welches absolut inakzeptabel ist. Ich verweise
hier auf einige Gespräche mit Firmeninhabern und einer
Schlagzeile, die mir dabei wieder in den Sinn kommt: Der
Lehrbub braucht Manieren – und (so heißt es weiter) eine „positive Arbeitshaltung". Man kann natürlich einwenden, dass
die Notengebung gerade in diesen Bereichen auf dem subjekti-
ven Empfinden der Lehrperson basiert und nicht hundertprozentig Benehmen und Bemühen abbildet. Ich glaube jedoch,
dass der Großteil der Lehrerinnen und Lehrer im Laufe ihrer
Tätigkeit sehr wohl jenes Erfahrungswissen mitbringen, um
objektiv zu unterscheiden, wie Verhalten und Engagement
eines Schülers oder einer Schülerin zu beurteilen sind. Dass
Bewertungen immer auch eine subjektive Komponente mit
sich führen, ist natürlich auch in der Fächerbenotung längst
erwiesen. Gab es doch genug Untersuchungen, die gezeigt
haben, dass ein und dieselbe Schularbeit, von verschiedenen

Lehrpersonen benotet, eine Bandbreite von bis zu drei Benotungseinheiten aufwies. Der Ordnung halber möchte ich dazu ein praktisches Beispiel anführen, das uns wieder in den bereits oben genannten Bereich der Berufswelt führt und, obwohl es in seiner Ausprägung wahrscheinlich eher die Ausnahme darstellt (so hoffe ich zumindest), exemplarisch genannt werden sollte: Im Gespräch mit einem Firmeninhaber einer Installationsfirma eröffnete mir dieser, dass er bei der Suche nach einem Fliesenlegerlehrling bei fünf von zwölf Bewerbern mit Pflichtschulabschluss feststellen musste, dass diese keine einfachen Flächenberechnungen durchführen konnten.

Exkurs: Die gute Schule

Mein Smartphone – letztes Update: Gestern 17:36
Mein Schulsystem – letztes Update: 1774[67]

Zwischen Bewahren und Erneuern

Im Jahre 1774 wurde unter Maria Theresia die „Allgemeine Schulordnung für Österreich" veröffentlicht. Sie stammte von Johann Ignaz von Felbiger, einem Augustinerchorherrn, den die Kaiserin mit Genehmigung des preußischen Königs nach Wien berief, um ihn mit der Reform des österreichischen Schulwesens zu beauftragen.

Er verfasste eine neue Schulordnung, wandelte die kirchlichen Volksschulen in Staatsschulen um und gliederte sie in Normal-, Haupt- und Trivialschulen. Der Einzelunterricht wurde grundsätzlich abgeschafft, stattdessen wurden Klassen

---

67 Martin Borger auf Twitter. 24. Oktober 2014.

eingeführt. Neu strukturierte Lehrpläne und Seminare zur Lehrerbildung legten den Grundstein für ein allgemeingültiges Bildungsprogramm.

In jenen Tagen stellte diese einheitlich strukturierte Konzeption eine weitreichende Maßnahme dar und gilt bis heute als Meilenstein für die Schulentwicklung Österreichs.

Es ist das Verhängnis des historischen Kontexts, dass sich Meilensteine mitunter in Mühlsteine verwandeln, die eine sinnvolle Weiterentwicklung behindern.

Wer genau hinsieht, wird erkennen, dass sich da bis heute nicht viel verändert hat – im Gegenteil, die fünfzigminütige Schulstunde, der im Unterrichtsgeschehen thematisch zusammenhanglose Fächerkanon sind fragmentarische Überbleibsel der Unterweisung preußischer Soldaten vor ca. 250 Jahren. Jedoch offenbart sich das Leben nicht im Rhythmus von 50-Minuten-Einheiten in Form von Schulstunden und auch nicht in der starren Anordnung eines kaum korrelierenden Fächerkanons. Und so ist es eine unleugbare Tatsache, dass wir eine steigende Divergenz zwischen den Anforderungen einer modernen Gesellschaft und einem durch die Monarchie geprägten Schulmodell vorfinden.

Wenn wir in öffentliche Bereiche blicken, stellen wir fest, dass sich vieles verändert hat. Arbeitsbedingungen, Transportmittel, Krankenhäuser (man stelle sich einen OP-Saal vor, wie wir ihn vor vierzig oder fünfzig Jahren vorgefunden haben) und vieles mehr. Nur die Schule ist das, was sie war, sie sieht gleich aus, funktioniert nach den gleichen Mechanismen und riecht sogar wie damals. In der Langen Nacht der Museen könnte sich gut die Hälfte der Pflichtschulen als Museumsobjekte deklarieren und auch geöffnet halten. Vielleicht ist das der Grund, warum es in Österreich fast keine Schulmuseen gibt – weil sie sich in ihrem Erscheinungsbild kaum von den in Betrieb befindlichen Schulen unterscheiden würden.

Natürlich gab es in den vergangenen Jahrzehnten Veränderungen, die jedoch über eine marginale Modifizierung nicht hinausgingen.

Was die Balance von überlegtem Bewahren und Erneuern (gerade in schulisch-bildenden Bereichen) betrifft, halte ich es mit dem im Jahre 1985 verstorbenen steirischen Volkskundler Professor Hanns Koren, der den Ausspruch „Wer das Alte wegwirft, wird auch das Neue nicht lange behalten!" tätigte.

Wer jedoch um Korens Biografie weiß, weiß auch, dass dieser Leitgedanke ein wesentlich breiteres Spektrum zulässt, als der erste Blick vermuten lässt. Koren hat in seinen Funktionen als Universitätsprofessor, als Nationalratsabgeordneter und als Begründer des steirischen herbstes richtungsweisende Erneuerungen initiiert und umgesetzt. Er wirkte in der bewussten Übereinstimmung der Tradition mit dem Rhythmus der Gegenwart und hatte dabei immer Zukünftiges im Blickfeld.

Denn erst der Spannungsbogen zwischen Bewahren und Erneuern und die damit verbundene Verpflichtung, Hüter *und* Sucher zu sein, legitimiert uns, das rechte Maß zu finden. So und nicht anders möchte ich meinen Ansatz verstanden wissen, wenn ich eine Reform unseres Schulsystems postuliere.

Jenseits vom Mittelmaß

Nun stellt sich natürlich die Frage, was macht eine gute Schule aus? Um dieser Frage nachzugehen, lade ich Sie, werte Leserin, werter Leser, zu einem Gedankenexperiment abseits des schulischen Mittelmaßes ein. Stellen Sie sich mit mir eine Schule der Zukunft vor; und wenn die folgenden Zeilen für Sie so

etwas wie ein Impuls sind, um auch Ihre Vorstellungen kund-
zutun, dann schreiben Sie mir bitte[68].

Dazu vorwegnehmend so etwas wie eine Grundsatzerklärung:
Erstens: Der pädagogischen Direktive einer ganzheitlichen
(von mir aus auch mit Standards abgesicherten) Bildung kann
heute kaum mehr widersprochen werden, und eigentlich
könnte man die vornehmste Aufgabe von Schule in Zusammenhang mit Bildung in Anlehnung an Johann Heinrich
Pestalozzi[69] ganz klar umreißen: Unterricht und Bildung des
Menschen seien nie ausschließlich Sache des Kopfes und Sache der Vernunft! Sie seien auch ewig Sache der Sinne und
Sache des Herzens!

Der Grazer Schulpsychologe Josef Zollneritsch hat im Rah-
men eines Festaktes den genannten „Umstand" mit folgendem
Ausspruch auf den Punkt gebracht:
„Manche wollen nur den Kopf in die Schule schicken, aber
immer kommt das ganze Kind!"
Es ist in diesem Zusammenhang wohl unbestritten, dass
die „Schule" für einen wesentlichen Teil des Entwicklungs-
spektrums der Heranwachsenden Fürsorge oder zumindest
Verantwortung tragen muss.
Junge Menschen benötigen in der Sinnfrage klar ausgewiesene Hilfestellung, um sich in einer zunehmend pluralistischen
Gesellschaft zurechtzufinden. Es geht dabei um klar ausge-
wiesene Bildungselemente wie Mitmenschlichkeit, Glaube,
Hoffnung, Liebe und die Frage nach den letzten „Dingen".
In nuce ist dazu anzumerken, dass die eben angeführten Wer-
tekategorien zum überwiegenden Teil gegenwärtig vom gut
geführten Religionsunterricht vermittelt werden und (was in

---

68 www.dyko.at
69 Schweizer Pädagoge, 1746–1827.

diesem Zusammenhang von zentraler Bedeutung ist) im damit verbindlichen Lehrplan explizit ausgewiesen sind.

Zweitens: Schule soll Wohnort, ja sogar Heimat sein – immerhin beansprucht sie die lernfähigsten und vitalsten Jahre im Leben der jungen Menschen. Sie ist in dieser Zeit für die in ihr lebende Schülerschaft der umfangreichste gesellschaftliche Veranstaltungsort unseres Kulturkreises. Daher gehören „Anlässe" wie das Feiern von Festen und die damit verbundene Wahrnehmung von Anerkennung und Glück zum festen Bestandteil des schulischen Geschehens. Feste verbinden, zeigen die Tragfähigkeit von Gemeinschaft und brechen den Trott des Alltags auf.

Drittens: Die in der Schule tätigen Verantwortlichen haben die ihnen anvertrauten Schülerinnen und Schüler nach bestem Wissen, Gewissen und Können in ihrer Gesamtheit anzunehmen und ernst zu nehmen, sie im Denken und Fühlen zu unterweisen, in ihrer Persönlichkeit zu formen und dabei ihre Eigenart zu achten und sie letztendlich mit jener Fitness auszustatten, die sie benötigen, um in der Gemeinschaft erfolgreich zu bestehen und, wenn notwendig, diese verantwortet zum Guten hin zu verändern.

Wenn diese Grundsätze nicht nur beachtet, sondern im „Biotop Schule" gelebt werden, ist es vollkommen gleichgültig, welches Schulkonzept als „Überbau" zum Tragen kommt, zumal die Diskussion um Gesamt- oder Ganztagsschule oder beides in Kombination ohnehin der bekannte Streit um des Kaisers Bart ist, da er nach wie vor ideologisch geführt wird und in der momentanen Argumentation jeder vernunftbezogenen pädagogischen Grundlage entbehrt.

Daher bedürfte es durch den Gesetzgeber nur allgemeingültige Bestimmungen, die durch das SchoG[70] und SchuG[71] ohnehin geregelt bzw. gesichert sind, sowie einen verbindlichen Rahmenlehrplan. Alles andere könnte sofort von den Schulstandorten autonom verwaltet werden. Wenn zusätzlich die Prüfungsbestimmungen ähnlich der Zentralmatura (vorausgesetzt man schafft dafür endlich ein funktionierendes Gesamtkonzept) auch auf die Sekundarstufe I angewendet werden könnte, hätte man zum einen einen standardisierten Leistungsnachweis; und zum anderen könnte der Weg dorthin von den Schulen bzw. ihren Vertretern autonom beschritten und die erforderlichen Inhalte könnten individuell auf das vorhandene Schülerpotenzial und die elterlichen Bedürfnisse abgestimmt werden.

Dann wäre im Regelschulwesen ein vielfältiges, ja sogar vielgestaltiges Schulwesen inkludiert. Eltern können gegenwärtig für ihre Kinder (sofern diese die nötigen Voraussetzungen erfüllen) zwischen der HS/NMS oder der AHS entscheiden. Warum aber nicht für eine ganztägig geführte Schulform, an der die Schüler und Schülerinnen, betreut und unterstützt von ausreichend fachkundigem Personal, den Anforderungen des Fächerkanons erfüllend mit sinnvoller Freizeitgestaltung über einen ganzen Tag verteilt teilnehmen? Es gäbe keinen Aufgabenstress, der den Abend der Familie stört, und auch keinen Stress, wenn bis in die Nacht für Schularbeiten gelernt werden muss, da diese Dinge nicht mehr vorkommen würden.

Es könnten aber auch die bisherigen halbtägig geführten Modelle weiterhin bestehen, da es noch nach wie vor Familien gibt, die ihre Kinder nachmittags zu Hause wissen und betreuen wollen.

---

70 Das Schulorganisationsgesetz beschreibt und regelt die Aufgabe der österreichischen Schule.

71 Das Schulunterrichtsgesetz beschreibt und regelt die Durchführung.

Es könnte aber auch ergänzend eine gemeinsame Mittelstufe geben und gleichzeitig eine differenzierte Schulform im ersten Sekundarstufenbereich. Diese könnte dann (je nach Bedürfnislage von Eltern und Kinder) halb- oder ganztägig angeboten werden. Ich frage mich schon lange, warum nur das eine oder andere Gültigkeit haben soll. Motivation, Kreativität und Leistung können nur dort zum Tragen kommen, wo das Individuum seinen Ansprüchen entsprechend gefördert wird. Wo es sich entfalten und wo es in Folge Erfolgserlebnisse für sich verbuchen kann. Dann wären meines Erachtens auch wesentlich bessere Voraussetzungen vorhanden, um erzieherische Konzepte in Form von unterrichtsimmanenten und unterrichtsbegleitenden Maßnahmen umzusetzen. Da Erziehung aber nicht en passant „passiert", sondern klar ausgewiesene Strukturen erfordert, ist in all den genannten Modellen das Teamteaching im gesamten Zeitraum des Unterrichtsgeschehens unbedingt erforderlich. Zusätzlich wären mindestens vier Wochenstunden Sozial- und Gemeinschaftskunde im Stundenplan zu verankern.

***

Zudem müssten die Bestimmungen in puncto Schulsprengel und Schulstandort (Schulen gleicher Erreichbarkeit) sofort zugunsten einer freien Schulwahl aufgehoben werden.

Die Profilbildung, Schwerpunktsetzung und Qualitätskontrolle geschieht dann durch Direktor, Lehrkräfte und Schulaufsicht, wobei Letztere mit wesentlich weitreichenderen Kompetenzen bezüglich Personalentwicklung ausgestattet werden müssten. Auch könnte sich ein Direktor seine Lehrkräfte für zwei, drei Jahre zur Schwerpunktsetzung an seine Schule holen, diese wiederum würden maßgeblich in ihren Schwerpunktbereichen an der Schule mitarbeiten. Das Geld, welches sich der Schulerhalter für nicht benötigte externe Beratung erspart, könnte hier eingesetzt werden und wäre ein erster Schritt zu einer leistungsbezogenen Entlohnung.

Das Argument, dass die Fluktuation des Lehrpersonals der Kontinuität im Schulbetrieb schade, ist so lange nicht gültig, so lange Lehrkräfte noch immer aufgrund ihrer Dienstjahre und nicht ihrer Dienstleistung an die eine oder andere Schule (z. B. bei Standortschließungen) versetzt werden. In Übereinstimmung mit den genannten Erfordernissen müsste vorerst die Personalauswahl planmäßig auf die Schulleiterin oder den Schulleiter übertragen werden, das heißt, dass er oder sie jene Lehrkräfte auswählen kann, die in das jeweilige Schulprofil und Leitbild passen und die bestrebt oder vielmehr „befähigt" sind, dieses auch engagiert umzusetzen. Was ich damit meine, soll folgendes Beispiel verdeutlichen:

Als sich in den Neunzigerjahren des vorigen Jahrhunderts der Umgang mit den Informationstechnologien als vierte Kulturtechnik[72] zu etablieren begann und darangegangen wurde, diese auch an Schulen im Rahmen der Schwerpunktbildung zu installieren, war es nötig dafür schon ausgebildete oder in Aus- und Weiterbildung befindliche Lehrkräfte an die Schulen zu holen, um diesen Schwerpunkt an der Schule einzurichten. Naturgemäß waren dies zu Beginn relativ junge Lehrer und Lehrerinnen. So kam es in den darauffolgenden Jahren zuweilen vor, dass einige Schulen mit dem Problem konfrontiert waren, ihr Angebot nicht mehr im vollen Umfang zu gewährleisten, da mit dem beginnenden Schülerinnen- und Schülerrückgang vor allem in schulischen Ballungsräumen die Klassen reduziert wurden und im Rahmen der Vertragsbestimmungen die jungen Fachkräfte jenen Kolleginnen und

---

72 Die drei Kulturtechniken: Lesen, um Informationen zu erfassen, Schreiben, um Informationen weiterzugeben, und Rechnen, um Informationen zu verarbeiten.

Kollegen weichen mussten, die zwar nicht oder noch nicht über die nötige Befähigung verfügten, jedoch über einen unbefristeten Dienstvertrag.

Des Weiteren sollte die Schulleitung, z. B. Direktorin und Administrator, ein auf Erfolgskriterien und Schülerzahl angeglichenes Schulbudget zur Verfügung haben.

Der gerne verwendete Einwand, dass jene Schulen, die den Schülerinnen und Schülern die Noten „schenken", den größeren Zuzug haben, ist so nicht gültig, da Eltern sehr wohl bedacht sind, dass ihre Kinder weiterführend in Schul- oder Berufsausbildung gut bestehen können. Hinzu kommt das Argument, dass es ohnehin bei der Benotung, vor allem im Endspurt, eine sehr soziale Bandbreite gibt. Wie könnte man sonst den Umstand erklären, dass gut ein Viertel der Schulabgänger nicht sinnerfüllend lesen kann und die Grundregeln der Rechtschreibung genauso wenig beherrscht wie einfache Flächenberechnungen? Eine gut verwaltete Schule zeichnet sich bezüglich Notengebung weder dadurch aus, dass sie Noten verschenkt, noch dass sie (wie allgemein gerne angenommen) einen beträchtlichen Anteil der Schülerschaft durchfallen lässt. Eine Schule verdient dann das Prädikat „Gut", wenn sie am Ende so viele Schüler und Schülerinnen gerechtfertigt „durchbringt", dass die Zahl der Absolventen an die Hundertprozentmarke heranreicht.

***

Um das zu gewährleisten, müssten allerdings einige schulinterne autonome Schwerpunktsetzungen erfolgen, wie z. B. der bevorzugte Einsatz sozialer Lehr- und Lernformen durch gezielt angeleitete Gruppenarbeit oder projektorientierter Unterricht. Es ist längst erwiesen, dass Gruppenarbeit im Gegensatz zum „Einzelkämpfertum" nicht nur die soziale Kompetenz stärkt, sondern auch das Leistungspotenzial des oder der Einzelnen wesentlich besser ausschöpft. Da diese Art der „Ertragssicherung" in vielen Bereichen von Wissenschaft, Forschung, Industrie und Wirtschaft eine Selbstverständlichkeit darstellt, hätten diese Lernformen zusätzlich den Vorteil, dass sie auf diese zukünftigen Anforderungen vorbereiten.

Natürlich müssen dabei pädagogisch-didaktische Grundsätze beachtet werden. So sollte die Zusammensetzung der Gruppen in der Verteilung 2:1 erfolgen, das heißt, dass zu zwei Drittel gute und lernwillige Schülerinnen und Schüler im Gruppenverband positioniert sind, da die Vorbildwirkung erwiesenermaßen gerade in der Altersgruppe der Zehn- bis Vierzehnjährigen von Peergroups bestimmt wird.

Sollte so eine Zusammensetzung aufgrund des vorhandenen Potenzials nicht möglich sein, sind Subgruppen einzurichten, deren Augenmerk und Fürsorge durch besonders ausgebildete Fachlehrkräfte und Sozialpädagogen darauf ausgerichtet ist, die ihnen anvertraute Schülerschaft in das nächsthöhere Level zu bringen.

Dieses Subgruppenmodell könnte dann auch dazu dienen, jene „Schuljahrverlierer" in speziellen Nachmittagskursen gezielt aufzufangen, die in ein oder zwei Fächern einen negativen Jahresabschluss aufweisen und im Normalfall eine Klasse wiederholen müssen.

Das gibt es doch sonst nirgends, dass der einmal erworbene positive Nachweis, nämlich die schon bestandenen Prüfungen, von einem anderen Prüfer für null und nichtig erklärt wird. Man stelle sich dazu folgende Situation vor: Der Schüler N. N. wiederholt die dritte Klasse, weil er Deutsch und Englisch nicht positiv abgeschlossen hat. Im Wiederholungsjahr schafft er diese beiden Fächer, fällt jedoch in Mathematik und Physik durch. Also in Fachbereichen, die er bereits im Vorjahr erfolgreich abgeschlossen hat, und muss nun abermals die Klasse wiederholen – das ist doch paradox, oder?

Abgesehen davon liegt es auf der Hand, dass beim Wiederholen schon absolvierter Prüfungen wertvolle Ressourcen für Weiterführung und Förderung verloren gehen.

Wenn daher anstelle starrer Fachkonstellationen Bildungsbereiche treten, in denen die fachbezogenen Inhalte übergreifend vermittelt werden, steigt nicht nur die Chance, das darin enthaltene Fach von den Zusammenhängen her besser zu verstehen, es sinkt auch die Gefahr, in einem Fach durchzufallen, zumal diese Art des Unterrichtes als logische Konsequenz in ein modulares Prüfungssystem münden würde.

Der Schulleiter muss dazu mehr seine Rolle als pädagogisch ausgerichteter Erfolgscontroller wahrnehmen. Dazu benötigt er erweiterte Personalbefugnisse zur Überprüfung der Leistung seiner Mitarbeiter anhand von Jahresplanung, Unterrichtskontrolle und Leistung der Schülerschaft. Denn diese hängt doch wohl sehr eng mit der Leistung der Lehrkraft zusammen, obwohl noch immer der Standpunkt vorherrscht, das Versagen ausschließlich dem Schüler anzulasten und nicht dem Lehrer. Zusammenhängend damit ist die Leiterin einer Schule von jenen administrativen Tätigkeiten freizustellen, für die eine Bürokraft oder Administratorin wesentlich besser geeignet ist.[73]

Ein weiteres Segment, welches in den Schulen viel zu wenig beachtet wird, ist die Förderung von Hochbegabten. Hier sollte es in jeder größeren Schule die Möglichkeit von Kreativwerkstätten geben, in denen je nach Begabung Freiräume für künstlerische Entfaltung musischer, literarischer oder bildender Natur zur Verfügung stehen. In Korrelation mit „Denkräumen", in denen wissenschaftlich orientierte

---

73 Dies ist in der AHS der Fall, nicht aber im Pflichtschulsektor.

Problemlösungen in den Bereichen linearen und lateralen Denkens, der emotionalen Intelligenz oder der Kreativitätstechniken erlernt oder, besser gesagt, geübt und erprobt werden können.

***

Und letztendlich stellt sich die Frage nach dem Bildungsanspruch im Zusammenhang mit schulischer Bildung, die ja auch immer wieder in Diskussion gestellt wird, weil in dieser fundamentalen Angelegenheit nicht nur keine Einigkeit, sondern auch keine Klarheit vorherrscht. Deshalb haben wir zu Schulbeginn immer die gleiche Situation: Die Gelehrten diskutieren und die Besserwisser streiten sich. Letztere auch deswegen, weil sie sich ihrer Unklarheit nicht bewusst sind und deswegen umso mehr in starren Positionen verharren. Grundsätzlich jedoch ist festzuhalten: Was immer auch im Rahmen der Schulbildung richtig oder falsch gemacht wird, bemisst sich an ihrer Zweckmäßigkeit. Aber worin besteht diese Zweckmäßigkeit? Die Kinder auf die Welt vorzubereiten? Auf welche Welt? Auf die Welt, wie sie ist, wie sie sein wird? Und können wir das überhaupt voraussehen in einer Zeit, die derart schnelllebig geworden ist und auch bis dato gültige pädagogisch-didaktische Grundwahrheiten fragwürdig erscheinen lässt, wie mir eine sehr erfahrene Lehrkraft mit folgenden Worten zum Ausdruck brachte: „Weißt du, uns hat man eingeprägt, die Schüler dort abzuholen, wo sie gerade stehen. Ich habe immer mehr das Gefühl, bis ich hinkomme, sind die schon wieder weg."

Wenn wir unsere Kinder erfolgreich auf die Zukunft vorbereiten wollen, müssen wir sie vorerst lehren, wie sie die Gegenwart bewältigen können.

Künftige Bildungsmaßstäbe

Unsere Gesellschaft befindet sich im Wandel. Diese Erkenntnis ist allgemein bekannt und daher keineswegs neu. Aus der Dynamik des Wandels stellt sich allerdings die Frage: „In welcher Zeit, welcher Gesellschaftsform leben wir?"

Wir haben Agrar-, Industrie- und Dienstleistungsgesellschaft per Definition hinter uns gelassen und diese Zeitabschnitte auch relativ gut zugeordnet bzw. abgegrenzt.

Nun aber entbehren die genannten Definitionen an Gültigkeit. Fachleute sprechen (wie bereits in diesem Buch erläutert) heute von der Informations-, Wissens- und Multioptionsgesellschaft oder ganz einfach von der offenen Gesellschaft. Diese Uneinheitlichkeit zeigt: Man weiß nicht recht, in welche Richtung es geht.

Technologische, ökonomische und demografische Entwicklungen nehmen gleichermaßen Einfluss und führen zu Veränderungen und damit verbundenen Unsicherheiten. Jutta Rump, Professorin für Internationales Management und Organisationsentwicklung meint dazu, dass sich die Entwicklung zur Wissensgesellschaft unter anderem im Bedeutungszuwachs von Wissen sowie in seiner Vermehrung bei gleichzeitiger Kurzlebigkeit äußert. Man kann sich das so vorstellen:

Nach Erfindung der Druckerpresse dauerte es mehr als dreihundert Jahre, bis sich das Volumen der Informationsmedien weltweit verdoppelte. Heute erfolgt die Verdoppelung bereits alle fünf bis zehn Jahre. Ernst zu nehmenden wissenschaftlichen Berechnungen zufolge wird sich in den nächsten zehn Jahren das Wissen in der Hälfte der Zeit verdoppeln.[74]

---

74 Zur Erklärung: Das würde bedeuten, dass das Informationsvolumen in den nächsten zehn Jahren alle 2,5 bis 5 Jahre um das Zweifache des momentanen Volumens ansteigen wird.

Gerade Spezialwissen ist in immer kürzerer Zeit überholt und daher verbunden mit einer rapid sinkenden Halbwertszeit.[75]

Zur weiteren Veranschaulichung: Die Kommunikationsmedien, welche in den Achtzigerjahren des vorigen Jahrhunderts absolute Neuheiten darstellten, gibt es heute in dieser Form nicht mehr (ich denke da mit leiser Nostalgie an den Commodore 64).

Siebzig Prozent der Kommunikationstechnologien, die eine heute sechsjährige Schulanfängerin bzw. ein Schulanfänger in dreißig Jahren bedienen muss, sind noch gar nicht erfunden. Dieser Umstand erfordert es (mehr denn je), den Blick auf veränderte Qualifikationsmerkmale hinsichtlich des Wissenserwerbs zu richten.

Dass die einmal erworbene Schul- und Berufsausbildung nahtlos auf ein bestimmtes Tätigkeitsfeld hinführt, hat sich ebenso als Fiktion entpuppt wie die Vorstellung, dass der in der Erstausbildung erworbene Vorrat an Qualifikationen für ein ganzes Leben ausreichen könnte. Auch Allgemeinbildung lässt sich nicht mehr wie seinerzeit vorbehaltlos definieren. Was einst als Attribute einer höheren Bildung „vorgezeigt" wurde, verliert heute an Bedeutung. Ich möchte dazu auf ein Beispiel aus meiner Kindheit verweisen.

Es war in den frühen Sechzigerjahren, ich war damals ca. zwölf Jahre alt und wohnte mit meinen Eltern in der Innenstadt nahe der Technischen Universität in einem Zinshaus, in dem sich einige sehr honorige Herren, meist mit Mäntel und Hut bekleidet, vor dem Haus oder im nahe gelegenen schattigen Gastgarten eines Kaffeehauses trafen.

Wie oft passierte es da, dass ich im Vorbeigehen ein (wie ich heute weiß) kurzes lateinisches Zitat aufschnappte und anschließend den meist von einem verhaltenen Lachen begleiteten Satz hörte: „Wie wir Lateiner zu sagen pflegen!"

---

75 Vgl. Rump, J./Sattelberger, Th.: Employability Management. Wiesbaden 2006.

Dreißig Jahre später hielt ich im Rahmen eines Seminars für aufstrebende Jungmanager der mittleren Führungsebene ein Referat, welches ich mit einem lateinischen Sprichwort beendete. Einer der jungen Männer (Designeranzug, Gel in den Haaren) lehnte sich lässig zurück und kommentierte den Schlusssatz meines Referates mit folgenden Worten: „Ich bitte Sie – Latein, tote Sprache für tote Leute!"

Ich möchte hier nicht weiter kommentieren, ob dies hinsichtlich des Anstands rechtens war oder ob Latein nach wie vor seine Berechtigung im allgemeinbildenden humanistischen Verständnis hat oder nur für einige Studienrichtungen wie Jus oder Medizin vonnöten ist, sondern eben an diesem Beispiel exemplarisch aufzeigen, dass „Bildungswerte" in ihrer Bedeutung einer zeitgeistgebundenen Veränderung unterworfen sind.

Eines sollte jedoch für jeden vernunftbegabten „Bildungstreibenden" wohl unbestritten sein, nämlich der Umstand, dass im Zentrum der zukünftigen menschlichen Arbeit Fähigkeiten stehen müssen, wie z. B. mit offenen Situationen umgehen und sich in komplexe Problemstellungen hineindenken zu können, um diese lösungsorientiert zu kommunizieren.

Fähigkeiten und Fertigkeiten wie die Förderung der intra- und interpersonellen Intelligenz müssen dann oft für teures Geld in Form von spezifischen Fortbildungen nachgeholt werden, wobei dies wieder nur einer ausgesuchten Gruppe von Personen (meist in Führungspositionen) vorbehalten bleibt. Hier könnte schulische Bildung durch im Lehrplan verankerte und für Kinder spezifisch aufbereitete Lehrinhalte und durch die Förderung der bei Kindern und Jugendlichen im Übermaß vorhandenen, aber durch die Vorgaben der Regelschule eingeengten Soft Skills wie Kreativität und Forscherdrang schon den Grundstein legen, um die Fähigkeit für lebensbegleitendes (nicht zu verwechseln mit lebenslangem) Lernen wachzuhalten.

Im momentanen schulischen Alltagsgeschehen wird nach wie vor zu viel Hauptaugenmerk auf kognitive Schwerpunktsetzung gelegt, wobei die Herzensbildung als fix vorgegebener Lehrinhalt auf der Strecke bleibt bzw. eine Alibifunktion im Fach Soziales Lernen hat.

Das Menschenbild, welches den Anforderungen des 21. Jahrhunderts entspricht, ist eben nicht der schon erwähnte Homo oeconomicus im Sinne eines sparsam bzw. einseitig definierten Bildungsbegriffes, sondern die umfassend gebildete Persönlichkeit, die human bestehen kann in einer Leistungs- und Wettbewerbsgesellschaft in einem Europa, das sich immer mehr öffnet.

Leider setzen sich diese Erkenntnisse gerade in Bildungsinstitutionen nur langsam bis kaum durch. Ein Indiz dafür zeigt sich in den meiner Meinung nach immer wieder überzogenen und medial hochgespielten Reaktionen auf die Ergebnisse von Rankings wie zum Beispiel der Pisa-Studie[76] (um die wohl bekannteste Studie zu nennen), die ein durchaus sehr gut aufbereitetes Instrumentarium zur Messung von Grundkompetenzen in Lesen, Mathematik und Naturwissenschaft darstellt.

Natürlich steht dabei außer Frage, dass Bildungsbereiche mit fachspezifischen Inhalten einen unverzichtbaren Beitrag zur Bildung darstellen.

Es darf jedoch nicht übersehen werden, dass es sich auch hier bei dem dargestellten Daten- und Ergebnismaterial keineswegs um Bildungs-, sondern um Leistungsstandards von speziell aufbereiteten Fachbereichen handelt, welche keinerlei Auskunft darüber geben, ob die „Sieger" auch längerfristig bestehen können. Bedenkenswert ist auch der Umstand, dass einige Siegerländer, also jene Länder, die im Ranking einen

---

76 Programme for International Student Assessment.

Spitzenplatz einnehmen, ein sehr rigides Schulsystem aufweisen, wenngleich sich einige Mindestanforderungen bezüglich Disziplin und Lernwille auch bei uns gut machen würden.

An die Sinnhaftigkeit solcher Studien glaube ich allerdings erst dann, wenn es Langzeitstudien gibt, die signifikant belegen, dass die Siegerländer erfolgreichere Forscher, Wirtschaftstreibende, Künstler usw. hervorbringen. Ein bisschen erinnert mich diese Situation an ein Ranking von Fahrschülern, deren theoretische Kenntnisse verglichen werden, ohne zu überprüfen, wie gut sie dann Auto fahren.

Daher halte ich es mit einer holistisch ausgerichteten Betrachtungsweise, wenn es um die Charakteristik von Schulbildung geht, und bevorzuge eine Gesamtschau, in der sich kognitive und emotionale Wirkweisen nicht nur gleichwertig gegenüberstehen, sondern folgerichtig bzw. sinnvoll ergänzen.

Die Frage nach der Zweckmäßigkeit schulischer Bildung ist also eine Frage, die und der wir uns immer wieder neu stellen müssen. Und mit uns die Lehrkräfte, damit sie nicht unzufrieden mit ihrer Aufgabe werden, die Eltern, damit sie nichts Unmögliches erwarten, und die politisch Bildungsverantwortlichen, damit sie Stimmiges beschließen.

ANTHROPOLOGISCHE
NACHBETRACHTUNG

Kinder erkennen manche Gefahren ganz einfach nicht.
Ja, ist es denn dann nicht unsere verdammte Pflicht,
Die Gefahr für uns're Kinder auszuschalten?
Die Gemeinschaft, die die Brut nicht schützt, die muss zerfallen.

R. Mey

Dieses Zitat aus dem Lied „Das kleine Wiesel" vom deutschen Liedermacher Reinhard Mey stelle ich diesem Kapitel voran, da es eine grundlegende Aussage über unsere Sorglosigkeit und mangelnde Fürsorge für unsere Kinder in sich trägt. Und auch, weil Mey dieses Lied mit folgenden Worten bei seinen Live-Konzerten einleitet: „Ich habe es [das Lied] als Fabel belassen, weil ich ahnen musste, dass die Wirklichkeit irgendwann den Erzähler einholen würde." Im Lied geht es vordergründig um ein Wieseljunges, das nicht mehr nach Hause gekommen ist.

Wie jede gute Fabel lässt sie weitere Interpretationen offen und bündelt ihre Botschaft in der für Fabeln typischen allgemeingültigen Moral in dem Satz: „Die Gemeinschaft, die die Brut nicht schützt, die muss zerfallen."

Es ist dies eines der ersten Erscheinungsbilder, die eine Gesellschaft degenerieren lässt.

Wenn man namhaften Anthropologen glauben darf, dann beruht die Sonderstellung des Menschen darin, dass er Geist hat und dies dokumentiert, indem er umweltfrei und weltoffen ist. Der Mensch ist kraft des Geistes zum Welt- und Selbstverständnis fähig, und er vermag kraft des Geistes ein

Reich unvergänglicher Wesenheiten und Werte erkennen und zu erstreben. Hier ist gemeint, dass der Mensch (im Gegensatz zum Tier, welches instinktgebunden ist) eine Fülle von Ausdrucksformen (Wesenheiten) entwickelt hat, die ihn befähigen, über seine „Weltgebundenheit" hinauszugehen. Er mag in seiner „Konstruktion" ein Mängelwesen sein, da er nicht so schnell laufen kann wie ein Gepard, nicht solche Kräfte hat wie ein Elefant und nicht fliegen kann wie ein Vogel. Aber er hat kraft seines Geistes „Hilfsmittel" geschaffen, die ihn schneller fortbewegen, als ein Gepard je laufen könnte, er hat Gerätschaften entwickelt, die ein Vielfaches an Kraft eines Elefanten aufbieten, und er fliegt höher als jeder Vogel.

Der Mensch ist als Geist-Wesen in der Lage, zurück- und vorauszuschauen, Geschichte zu machen und kulturschöpferisch tätig zu sein, sein Handeln an Normen und Werten mit Bewusstsein zu orientieren, sein tätiges Leben in Freiheit und Selbstbestimmung zu gestalten. Und er sollte im Laufe der Geschichte erkannt haben, dass diese seine Freiheit und Selbstbestimmung mit der Freiheit und Selbstbestimmung seiner Menschengeschwister korrelieren muss, da das Bewusstsein, dass wir einander entsprechen müssen, das eigene Bestehen erst sichert.

Wenn der Mensch diese Grundregeln nicht befolgt, nimmt das Zusammenleben psychopathologische Züge an. Diese zeigen sich mehr oder minder ausgeprägt in fehlender Empathie, stark ausgeprägter Oberflächlichkeit, mangelndem Reueempfinden und überzogenem Narzissmus.

Es ist äußerst naiv anzunehmen, dass Freiheit und Unabhängigkeit ein und dasselbe sind. Dies zu glauben, entspricht einem unreifen Denken und wurde leider durch die Annahme gestützt, dass man Freiheit erwirbt, wenn man Freiheit gewährt. Der damit verbundene Irrtum wird spätestens dann sichtbar, wenn Kinder, Jugendliche und Erwachsene diesen

Freiraum so nutzen, dass er die Freiheit der „anderen" begrenzt und so zu Unfreiheit führt. Hinzu kommt, dass von unreifen Menschen (übrigens jeden Alters) der Akt der gewährenden Freiheit nicht als Großmut, sondern als Schwäche gedeutet wird. .

Frei zu sein bedeutet keineswegs die totale Unabhängigkeit von Führung und Autorität, sondern ist, wie es der renommierte Pädagoge Bernhard Bueb so treffend zu formulieren versteht: „... die späte Frucht einer langen Entwicklung, man erwirbt sie durch unendliche Stadien der Selbstüberwindung, des Wandels von Disziplin zur Selbstdisziplin".[77]

Deshalb haftet dem Individuum in seiner Menschwerdung, ob positiv oder negativ, ein Teil Eigenleistung an, von der man ihn nicht lossprechen kann, egal ob man in der Verteilungseinschätzung mehr zum Erbdeterminismus tendiert oder zum pädagogischen Optimismus.

***

Die ganze Säuglings- und Kinderzeit über zeigt das menschliche Wesen eine einzigartige, lang andauernde Schutzbedürftigkeit.

Von diesem Faktum her ergibt sich eine Antwort auf die Frage, ob hinter der „physiologischen Frühgeburt" ein Sinn stehe. Dieser Sinn beruht darin, dass die Tatsache der verfrühten Geburt und die dadurch bedingte Hilflosigkeit das Lernen und den lebendigen geistigen Austausch in echtem Sozialkontakt zu anderen Menschen geradezu unabdingbar erscheinen lassen.

Seine spezifische, d. h. geistige Daseinsform erreicht der Mensch nur, indem er auf Lernen angewiesen ist und sich in der sozialen Gruppe durch Unterstützung und entwicklungsfördernde Beziehungen entfaltet.

---

77 Bueb, B.: Lob der Disziplin. Berlin 2006.

Der Mensch bedarf also im Gegensatz zu einigen Säugetieren einer sehr langen Brutpflege und ist infolge seiner Mangelstruktur den Umwelteinflüssen stärker ausgesetzt und belastet als ein Tier. Um seine Mangelhaftigkeit in gewissem Sinne zu kompensieren oder auszugleichen, ist er gezwungen, auf die Welt hin zu handeln, indem er sich sozusagen eine zweite Natur generiert – nämlich Kultur. Eine Analyse der Daseinsform erwachsener Menschen lässt das klar erkennen: Sie zeigt die Verflechtung zwischen biologischem und geistig-kulturellem Sein beim Menschen. Humane Lebensweise ist nur möglich, wenn beide Seinsweisen sich durchdringen.[78]

Die Befähigung zum kulturellen Leben ist demnach ein Moment, das unsere Existenzweise mitbegründet. Der Mensch ist folglich ein Kulturwesen und in seiner Existenz wesentlich dadurch bestimmt und somit in seiner Entwicklung respektive Entfaltung auf permanente Kommunikation angewiesen. Diese beginnt im Mutterleib, wenn die werdende Mutter mit ihrem Kind nonverbal und verbal in Kontakt tritt, entwickelt sich dann weiter bis hin zu einem mehr oder minder gut ausgeprägten Sprachvermögen und endet mit dem Tod (bekanntlich stirbt der Gehörsinn erst zum Schluss).

In verschiedenen Entwicklungsstadien werden dem Menschen Kommunikationsmodelle zuteil, die sich zuerst als das, was wir gemeinhin unter Erziehung verstehen, und dann im späteren Leben durch ein gesellschaftlich gebundenes Korrektiv in Form von verbindlichen Maßstäben gesetzlicher oder moralisch-ethischer Natur offenbaren bzw. kundtun.

Der Mensch ist demgemäß ein Wesen, das der Formung bzw. der Bildung bedarf, und wenn wir uns die Frage stellen:

78 Hamann, B.: Pädagogische Anthropologie. Regensburg 1982.

„Was bildet den Menschen?", dann muss die Antwort wohl lauten: „Alles!" Jede Begegnung, jede Form der Information, mag sie auch noch so gering erscheinen. Der Mensch ist ein plastisches Lebewesen, welches fast unbegrenzt auf Formung und Entwicklung ausgelegt ist, und wenn diese gewollt ist, nennt man sie Bildung.

Eine unverkürzte Sicht der „Erziehung zwischen Anlage und Umwelt" muss auf das Zusammenwirken von genetischem Potenzial (Erbanlagen) sowie Umwelt und Selbstbestimmung Bedacht nehmen. Für dieses Zusammenwirken ist einmal wichtig, dass die an sich plastischen (d. h. nicht starr festgelegten) Erbanlagen erst noch aktualisiert bzw. herausgebildet werden müssen, und zwar durch Sozialisation.

Für die Bildung ist angesichts dieses Sachverhaltes wichtig, dass der Mensch nur innerhalb eines genetisch vorgegebenen und begrenzten Rahmens lernfähig und erziehbar ist und dass für die Ausformung des genetischen Potenzials optimale Umgebungsgestaltung und umsichtige Erziehung höchst bedeutsam sind.

Ich denke in diesem Zusammenhang oft an einen uralten Science-Fiction-Film, dessen Titel mir entfallen ist und der davon handelt, dass Außerirdische vor ihrer Landung das Wesen der Erdenbewohner erfassen wollen und zu diesem Zweck Radio und Fernsehsignale abfangen. Man stelle sich vor, welches Bild sie von der Menschheit bekommen, wenn sie diverse Krimis, Werbespots, Ekelshows, dümmliche Sitcoms und Ähnliches mehr zu beurteilen hätten. Unlängst konnte man einer TV-Illustrierten entnehmen, dass neu gestaltete Sendeformate von den USA auf uns zukommen, die (so heißt es in der Vorankündigung) alles beinhalten würden, nur nicht den Schutz der persönlichen Würde, Anstand und guten Geschmack. In einem relativ geschützten Raum dem

Voyeurismus preisgegeben zu sein, wie es uns bereits in der Fernsehshow Big Brother vorexerziert wurde, ist längst nicht mehr genug; es werden Destinationen gesucht, die künstlich mit Kakerlaken, Würmern und anderen Grauslichkeiten der B- bis C-Prominenz eine fragwürdige Profilierungsmöglichkeit an- und dem Publikum darbieten.

Man stelle sich weiter vor, mit welcher „Vorbildwirkung" sich unsere Kinder und Jugendlichen herumschlagen müssen. Wie weit sich junge Menschen gerade in diesen Bereichen von der Realität entfernen, zeigt der ungeheure Andrang auf diverse Casting- und Realityshows; und wenn man den Internetforen trauen darf, gibt es davon in Österreich an die zweitausend Anmeldungen und in Deutschland ungefähr das Zehnfache. In der für 99,96 Prozent der Teilnehmer irrealen Hoffnung, sehr schnell zu Geld und Ruhm zu gelangen, werden Lehrstellen verlassen und Schulausbildungen unterbrochen.

Und wenn die, die solche Castingshows bestehen, keine Ausnahmetalente sind, wie z. B. eine Christina Stürmer, oder unbeirrbar ihren Weg gehen, wie Thomas Neuwirth (alias Conchita Wurst), dann wird ihnen ihre vorherige Existenz vielleicht noch ein wenig trister und nutzloser vorkommen als bisher.

Wobei anzumerken wäre, dass weder Stürmer noch Neuwirth bei diesen „Talentwettbewerben" einen ersten Platz belegt haben. Dieser Umstand spricht wohl mehr für die Künstler als für die Show.

Dass bei solchen Shows junge Menschen gerade in einer sehr prägenden Entwicklungsphase zum Gaudium der Zuseher noch zusätzlich von manchen Juroren beleidigt oder gekränkt werden[79], bedarf wohl keiner weiteren Erläuterung,

---

[79] Nach einer Meldung des IT-Mediums Die Welt vom 15. Mai 2014 werden Jugendschützer die Folgen einer bekannten deutschen Castingshow vor der Ausstrahlung einer Kontrolle unterziehen.

wohl aber die Auswirkungen auf die Jugendlichen und ihre aktuelle Entwicklungsphase.

Ich möchte hier kausal nochmals E. H. Erikson bemühen, indem ich auf Stadium bzw. Stufe fünf seines psychosozialen Stufenmodells verweise. Diese wird als *Identität vs. Identitätsdiffusion* bezeichnet und betrifft die Altersgruppe der Dreizehn- bis Zwanzigjährigen. Dem Jugendlichen, vor allem zum Zeitpunkt endender Adoleszenz, muss es gelingen, die zum Teil widersprüchlichen Erwartungen, die an ihn in den verschiedenen sozial-gesellschaftlichen Bereichen gestellt werden, zu entsprechen. Nur dann wird er das erforderliche Selbstbewusstsein erlangen, um den Spannungsbogen von Ist- und Soll-Zustand im gemeinschaftlichen Kontext als Herausforderung und nicht als Bedrohung zu begreifen.

Junge Menschen ohne entsprechende Fürsorge und mangelnde soziale Festigung laufen Gefahr, sich in dieser Phase in eine irreale Welt zu flüchten, um sich nicht mit den unterschiedlichen Ansprüchen und Aufgaben, die an sie gestellt werden, auseinandersetzen zu müssen. Identität entsteht in dieser Phase durch die Zuversicht, dass Selbst- und Fremdwahrnehmung ungefähr übereinstimmen. Und diese Zuversicht können Jugendliche nur durch jene mit ihnen interagierenden Erwachsenen erwerben, welche eindeutig und klar in der Position, aber fürsorglich, wohlwollend und verständnisvoll in der Vermittlung sind.

Letztendlich geht es darum, eine neuerliche Spurensuche nach Bildungs- und Erziehungsformen aufzunehmen, die eindeutig in ihren Positionen jedoch verständnisvoll und fürsorglich in der Umsetzung sind und in der „… die Älteren (Erzieher) den Jüngeren (Edukanden) im Rahmen gewisser Lebensvorstellungen (Erziehungsnormen) und unter konkreten Umständen (Erziehungsbedingungen) sowie mit bestimmten Aufgaben

(Erziehungsgehalten) und Maßnahmen (Erziehungsmetho-
den) in der Absicht einer Veränderung (Erziehungswirken) zur
eigenen Lebensführung verhelfen, und zwar so, dass die Jüngeren das erzieherische Handeln der Älteren als notwendigen
Beistand für ihr Dasein erfahren, kritisch zu beurteilen und
selbst fortführen lernen".[80]

Mehr denn je sind wir dabei aufgerufen, uns Gedanken darüber zu machen, worin die Stellvertreterfunktionen für das
Kind bestehen. Wo sie beginnen müssen und wo sie enden
sollen, um das zu erreichen, was humane Gesellschaften unter
einen mündigen Menschen verstehen.

---

80 Bokelmann, H.: In: Speck & Wehle. 1970, Bd. II.

Verwendete und weiterführende Literatur

Apel, H.: Theorie der Schule. Donauwörth 1995

Badegruber, B.: Offenes Lernen. Linz 1995

Bauer, J.: Prinzip Menschlichkeit. Hamburg 2007

Beck, U.: Kinder der Freiheit. Frankfurt 1997

Beutelmeyer, W.: Der Homo Austriacus an der Schwelle zum 21. Jahrhundert. Linz 1999

Beutelmeyer, W.: Der Homo Austriacus in einer veränderten Welt. Linz 1997

Böhm, W.: Geschichte der Pädagogik. München 2004

Bokelmann, H.: In: Speck & Wehle 1970, Bd. II

Bonner, St./Weiss, A.: Generation Doof. Wie blöd sind wir eigentlich? Bergisch Gladbach 2008

Bono de, E.: Kreativ Denken. München 1992

Bude, H.: Gesellschaft der Angst. Hamburg 2014

Brater, J.: Keine Ahnung, aber davon viel: Die peinlichsten Prognosen der Welt. Berlin 2011

Brezinka, W.: Erziehungsziele, Erziehungsmittel, Erziehungserfolg. München 1981

Brodbeck, K.: Entscheidung zur Kreativität. Darmstadt 1995

Bronkhorst, J.: Freinet-Pädagogik und neue Medien. In: Harald Eichelberger (Hrsg.): Freinet-Pädagogik & die moderne Schule. München 2003

Bueb, B.: Die Macht der Ehrlichen. Berlin 2013

Bueb, B.: Lob der Disziplin. Berlin 2006

Busek, E./Pelinka, A.: Unsere Zeit. Vorwärts gedacht, rückwärts verstanden. Etsdorf am Kamp 2014

Chi, M./Glaser, R./Farr, M.: The nature of expertise. Lawrecne Erlbaum Associates 1988

Damon, W.: Die soziale Welt des Kindes. Frankfurt 1984

Dirx, R.: Kinder brauchen gute Schulen. München 1971

Doralt, W. (Hrsg.): Kodex – Schulgesetze. Wien 1998

Elkind, D.: Das gehetzte Kind. Hamburg 1991

Engelbrecht, H.: Erziehung und Unterricht im Bild. Zur Geschichte des österreichischen Bildungswesens. Wien 1995

Erikson, E. H.: Identität und Lebenszyklus. Frankfurt 1966

Erikson, E. H.: Jugend und Krise. Stuttgart 1970

Erl, W.: Gruppenpädagogik in der Praxis. Tübingen 1967

Ernst, H.: Psychotrends. München 1996

Gerster, P./Nürnberger, Ch.: Der Erziehungsnotstand. Berlin 2002

Giesecke, H.: Das Ende der Erziehung. Stuttgart 1995

Giesecke, H.: Wozu ist die Schule da? Stuttgart 1998

Giesecke, H.: Einführung in die Pädagogik. München 1999

Glattauer, N.: Leider hat Lukas … Wien 2013

Goebel, J./Clermont, Ch.: Die Tugend der Orientierungslosigkeit. Berlin 1997

Goleman, D.: Emotionale Intelligenz. Wien 1996

Grefe, Ch.: Ende der Spielzeit. Berlin 1995

Guss, K.: Psychologie als Erziehungswissenschaft. Stuttgart, 1975

Hamann, B.: Pädagogische Anthropologie. Regensburg 1982

Heikämper, P. (Hrsg.): Mehr Lust auf Schule. Paderborn 1995

Heitmeyer, W.: Über gesellschaftliche Desintegrationsprozesse. In: Politik und Zeitgeschichte, B2-3/1993

Hellmich, A./Teigeler, P. (Hrsg.): Montessori-, Freinet-, Waldorfpädagogik. Konzeption und aktuelle Praxis. Weinheim 2007

Hengstschläger, M.: Die Durchschnittsfalle. Salzburg 2012

Hentig, H. v.: Ach, die Werte. München 2007

Hentig, H. v.: Bildung. München 1996

Hentig, H. v.: Die Schule neu denken. München 1993

Henz, H.: Grundwissen Pädagogik. Freiburg 1979

Hierdeis, H.: Basiswissen Pädagogik. Landsberg 1981

Juul, J.: Das kompetente Kind. Hamburg 1997

Kasper, W.: Geheimnis Mensch. Mainz 1973

Klafki, W. [u. a.]: Funkkolleg Erziehungswissenschaft. Weinheim 1971

Klafki, W./Braun, K.: Wege pädagogischen Denkens. Ein autobiografischer und erziehungswissenschaftlicher Dialog. München 2007

Kolb, H.: Mit Stilus und Abacus – Schüler im alten Rom. In: Geschichte mit Pfiff. 1993

Kraus, J.: Helikopter-Eltern. Schluss mit Förderwahn und Verwöhnung. Reinbek 2013

Liessmann, K.: Theorie der Unbildung. Wien 2006

Matussek, M.: Die vaterlose Gesellschaft. Hamburg 1998

Mayring, Ph.: Qualitative Inhaltsanalyse – Grundlagen und Techniken. Weinheim 1994

Meves, Chr.: Manipulierte Maßlosigkeit. Freiburg 1971

Nitsch, C./Schelling, C.: Kinder Grenzen setzen – wann und wie? Mit Liebe konsequent sein. München 2004

Noelle, E./Petersen, Th.: Zeitenwende. Adorno und die Ursachen des Wertewandels. In: Aus Politik und Zeitgeschichte B29/2001

Pfaller, R.: Wofür es sich zu leben lohnt. Frankfurt am Main 2013

Postan, N.: Das Verschwinden der Kindheit. Frankfurt 1983

Precht, R.: Anna, die Schule und der liebe Gott. Der Verrat des Bildungssystems an unsere Kinder. München 2013

Rich-Harris, J.: Ist Erziehung sinnlos? Die Ohnmacht der Eltern. Reinbek 2000

Rietzschel, Th.: Die Stunde der Dilettanten. Wien 2012

Rogge, J.: Kinder brauchen Grenzen. Augsburg 2001

Rossmann, P.: Einführung in die Entwicklungspsychologie des Kindes- und Jugendalters. Bern 1996

Roth, H.: Pädagogische Anthropologie. Hannover 1971

Rotthaus, W.: Wozu erziehen? Heidelberg 1998

Rump, J./Sattelberger, Th.: Embloyability Management. Wiesbaden 2006

Salcher, A.: Der talentierte Schüler und seine Feinde. Salzburg 2008

Scheipl, J./Seel, H.: Die Entwicklung des österreichischen Schulwesens. Graz 1987

Schenk-Danzinger, L.: Pädagogische Psychologie. Wien 1972

Schwäbisch, L./Siems, M.: Anleitung zum Sozialen Lernen. Hamburg 1977

Schwetz, H./Zeyringer, M./Reiter, A. (Hrsg.): Konstruktives Lernen mit neuen Medien. Innsbruck 2001

Spengler, O.: Der Untergang des Abendlandes – Umrisse einer Morphologie der Weltgeschichte. Wien 1918/ Düsseldorf 2007

Spengler, O.: Der Untergang des Abendlandes – Umrisse einer Morphologie der Weltgeschichte. Alle Auflagen seit 1923 sind sämtlich im Verlag C. H. Beck erschienen.

Spitzer, M.: Digitale Demenz. Wie wir uns und unsere Kinder um den Verstand bringen. München 2012

Sprenger, R.: Das Prinzip Selbstverantwortung. Frankfurt 2000

Steiner, C.: Emotionale Kompetenz. München 1999

Sternberg, R.: Erfolgsintelligenz. München 1999

Stigler, H./Reicher, H.: Empirische Sozialforschung in den Erziehungs- und Bildungswissenschaften. Innsbruck 2005

Ulrich, H./Probst, G.: Anleitung zum ganzheitlichen Denken. Bern 1990

Vester, F.: Neuland des Denkens – vom technokratischen zum kybernetischen Zeitalter. Stuttgart 1993

Winkler, B.: So nicht! Anklage einer verlorenen Generation. Ihr raubt uns die Zukunft. Wien 2013

Wisskirchen, H.: Die Wiederentdeckung schöpferischen Lernens. Ulm 1986

Wunsch, A.: Die Verwöhnungsfalle. München 2000

Wyrwa, H.: Die Schlaraffenlandkinder. Weinheim 1998

Zangerle, H.: Wer nicht erzieht, macht auch nichts falsch. Oder? In: Psychologie Heute. Dezember 2000

Zdarzil, H.: Pädagogische Anthropologie. Graz 1978

Zellmann, P./Opaschowski, H.: Die Zukunftsgesellschaft ...und wie wir in Österreich mit ihr umgehen müssen. Wien 2005

Zimbardo, Ph.: Psychologie. Berlin 1992

Zwettler-Otte, S.: Schulprobleme – Probleme der Schule. Wien o. J.